金刚经·坛经

[后秦]鸠摩罗什·译
[唐]慧能·述
邵士梅·编译

插图精译

陕西新华出版 三秦出版社

图书在版编目（CIP）数据

金刚经·坛经 /（后秦）鸠摩罗什译 ；（唐）慧能述
，邵士梅编译. -- 2版. -- 西安 ： 三秦出版社，
2008.04（2024.1重印）
（国学百部文库）
ISBN 978-7-80628-173-4

Ⅰ. ①金… Ⅱ. ①鸠… ②慧… ③邵… Ⅲ. ①佛经②
禅宗－佛经－中国－唐代③金刚经－译文④坛经－译文
Ⅳ. ①B942.1 ②B946.5

中国版本图书馆CIP数据核字（2008）第033013号

书　　名　金刚经·坛经
作　　者　[后秦]鸠摩罗什 译　[唐]慧能 述　邵士梅 编译
责　　编　陈景群
封面设计　新华智品

出版发行　三秦出版社
社　　址　西安市雁塔区曲江新区登高路1388号
电　　话　（029）81205236
邮政编码　710061
印　　刷　北京一鑫印务有限责任公司
开　　本　680×1020　1/16
印　　张　9
字　　数　180千字
版　　次　2008年4月第2版
印　　次　2024年1月第2次印刷
标准书号　ISBN 978-7-80628-173-4

定　　价　39.80元
网　　址　http://www.sqcbs.cn

前　言

《金刚经》全称《金刚般若波罗蜜经》，又名《金刚能断般若波罗蜜经》。全文5000余字，约与我国传统的道家和道教尊奉的根本经典——《道德经》的字数相当。但其内容却十分丰富，基本上囊括了般若经典的主要思想。它的27个主题不外说明诸法“性空幻有”的理论，可以说，它是一本般若思想的纲要性著述，自问世以后就受到了大乘佛教徒的重视和推崇。

《金刚经》成立的确切年代现已不可稽考。学术界一般认为它是公元1世纪的作品，曾经过很多人的增补，遂成此规模。402年，中国佛教的著名翻译家鸠摩罗什在后秦姚兴的支持下，首次将其译成汉文。以后，北魏菩提流支，南朝陈真谛，隋达磨笈多，唐玄奘、义净等人也先后翻译此经。在这些译本中，除笈多本属于直译，文字较为艰涩难解外，其他译本实无多大差别，历代大藏经都曾收入。罗什译本翻译最早，文字流畅，简明扼要，流传最广，是人们常用的译本。鸠摩罗什(343—413)祖籍印度，父亲是一婆罗门，为传播佛教来到西域龟兹，娶龟兹王妹生下罗什。罗什幼时聪明异常，记忆超群，7岁出家，遍学经乘，饮誉西域。前秦王苻坚慕其名，嘱将领吕光灭龟兹掳什。后秦姚兴，深崇佛法，礼什于长安逍遥园，收徒译经，名震关中。罗什一生译经35部294卷，是我国佛教的四大译经家之一。此外，在藏传大藏经甘珠儿里也有《金刚经》的藏文译本。梵文本《金刚经》经英籍德国学者麦克斯·缪勒等人搜集整理得三种不同版本。《金刚经》还被译成日、英、法、德、泰等多种文字。

《金刚经》自出现以后，立即广为流传，产生了重要的影响。古印度著名大乘佛教学者无著、世亲等人都对它作了注疏，用“万法唯识”的观点来论述自己的主张。《金刚经》传入中国后，其影响远超过印度，围绕其疏解的人不计其数，仅唐初时就有800家注的说法，后续的大德高僧也都有论及，流传到现在还有数十种之多。

《金刚经》一直受到中国封建统治阶级的推崇。开元二十四年(736)唐玄宗在全国颁布了他的《御注金刚般若波罗蜜经》，把它和儒家的《孝经》、道教的《道德经》相提并论，认为此三经是释、儒、道三家最具有代表性的经典。明成祖、太祖也编纂了《金刚经集注》，敕令天下读诵奉行。中国佛教各宗派竞相习诵此经，并按照本宗的需要作了不同的阐发。例如天台宗用佛性说来解释经文；华严宗则附入了他们的“真如缘起论”；禅宗把它直接视为心印和宗经之一。在民间，《金刚经》的影响极广，寺庙日常课诵，僧人讲经传法都以此经为本，甚至连目不识丁的妇孺，也能背出该经的部分或全文，其影响是显著和长远的。

《金刚经》除在宗教中占有重要地位，对古代文化的发展也起过一定的推动作用。伴随着《金刚经》的传播，古代印刷、雕刻、绘画、文学、书法等都不同程度地受其影响。现存世界上最早的雕版印刷品是唐咸通九年(868)的《金刚经》木刻印本；现存世界最早的木刻版画是《金刚经》扉页的佛教绘画；规模最大、时间最早之一的石刻经文是山东泰山经石峪的石刻《金刚经》。与《金刚经》有关的文学作品，历代名家书写的《金刚经》珍贵手迹也保存了不少。《金刚经》还从我国流传到朝鲜、日本、越南等国，对那里的宗教文化也产生过一定影响。一部 5000 余字的经文能够产生如此重要影响，可以说这在世界宗教文化史上也是罕见的。

《坛经》全称《六祖法宝坛经》，是禅宗六祖慧能大师得道经过及他对佛法的讲述。它强调佛性存在于人自己的本性中，每个人都可通过自己的本心来观照本性而顿悟成佛。

《坛经》是由中国禅宗创始人慧能述，弟子法海集记。《坛经》的宗旨即在让学人从自心中顿见本性，“直指人心，见性成佛”。

编　者

2008 年 8 月

目　录

金刚经

金刚经……1

坛　经

行由品第一……114
般若品第二……117
疑问品第三……120
定慧品第四……122
坐禅品第五……123
忏悔品第六……123
机缘品第七……125
顿渐品第八……130
宣诏品第九……133
付嘱品第十……134

金 刚 经

【经文】

如是我闻[1]：

一时[2]，佛[3]在舍卫国[4]祇树给孤独园[5]，与大比丘众[6]千二百五十人俱。

【注释】

〔1〕如是我闻：佛经开卷语。“如是”指经中佛语，这里指佛说的金刚般若波罗蜜之法。“我闻”指说经者自言其亲自所闻。“如是我闻”意即“我是这样听说的”。《法华文句》卷一中说：“如是者，举所闻之法体；我闻者，能持之人也。”相传佛去世后，佛弟子结集经、律，由阿难诵出经藏，并遵佛遗训，每部经首都设置此四字，以表示经文是从佛那里亲闻之教法。古印度佛经原无写本，全凭师徒口耳相传，他们皆以此四字为开场白，后来有了写本，仍然沿用此开卷语，以取信于众。

〔2〕一时：在那一时候。有这么一个时候。佛教认为释迦牟尼所说般若经共分四处十六会。四处指佛说法的四个场所，其是：王舍城灵鹫峰、舍卫国给孤独园、他化自在天、王舍城竹林精舍。十六会指在这四处所说的十六次法。这里的“一时”即指第二处第九会中所说金刚般若经之时。

〔3〕佛：梵语音译之略，全称“佛陀”，亦译“佛驮”、“浮陀”、“浮屠”、“浮图”等。意译“觉者”、“知者”、“觉”。觉包含三义：即自觉、觉他（使他人觉悟）、觉行圆满。据称，凡夫三觉全无，声闻、缘觉二圣只是“自觉”，菩萨自觉觉他，但觉行尚未圆满，惟佛三觉俱全，大彻大悟，故成为大乘佛教修行解脱的最高果位。小乘以阿罗汉为最高果位，也无多佛思想，故他们所说的“佛”一般只用于对释迦牟尼的尊称。大乘则除指释迦牟尼外，还泛指一切觉行圆满者。这里的“佛”系指释迦牟尼。

〔4〕舍卫国：古印度一国名，首都名舍卫城。为梵语的音译，亦译“室罗伐”、“罗伐悉底”，意译“闻者”、“闻物”、“丰德”、“好道”等。该国原名侨萨罗，后为区别于南部另一侨萨罗国，乃以城名代替国名。据说该国有欲、财宝之丰，人民有多闻解脱之德，故名。国中有最早的佛教寺院——祇园精舍，遗址今于尚存。7世纪时，中国高僧玄奘访印曾到此处，据其著的《大唐西域记》卷六载，此时的舍卫国“都城荒颓，疆场无纪”，“伽蓝数百，圮坏良多”。其地在今印度西北部拉普地河南岸。

〔5〕祇树给孤独园：印度佛教圣地。最早的佛教寺院。亦译“胜林给孤独园”。简称“祇园”、“祇园精舍”。其地约今于印度的塞特马赫特。“祇树”指古代印度波斯匿王之子——祇陀术子之树林；“给孤独园”指给孤独长得之园。相传古印度舍卫国有一长者名须达多，平生乐善好施。常以财物周给孤独贫弱。故得善名“给孤独”一日

释迦牟尼

须达多长者至王舍城为其儿子求婚。寄宿删檀那长者家中。这位长者夜而起，庄严房舍。营办供养，须达多异常惊奇。疑其将请国王或是有结婚大典。一问才知道，原来是要请佛来此说法。当时须达多长者信奉外道。一闻佛名。顿生惊怖。删檀那长者便为其备佛之功德。次日闻佛说法。须达多长者心开意解。善根发现。证得初果，于是邀请佛教光临舍卫。佛问有无精舍。须达多说，“如见垂顾，便当营办。”这样，佛便接受邀请，并派弟子舍利弗随同长才前往舍卫城。择地选址。偌大舍卫城，只有太子祇陀之园方广严洁，可容佛僧。须达多亲往议买，太子开玩笑说，若将黄金布满园地，就可以售卖。长者便回家运金。果然是黄金铺地，太子深受感动，也想做一功德。便称园中树木也献给佛。于是这一园林便称为祇给孤独园。以后园中建立了房舍殿宇，故也称祇园精舍。后佛教便将波斯匿王、祇陀太子、须达多长才三人作为守护寺庙的伽蓝神。

〔6〕大比丘众：由大和尚们组成的僧团。“大”谓道高德众，非小德劣器，能为天王大人所恭敬者。“比丘”，梵文音译。又译“苾刍”、“备刍”、“比呼”等。意译“乞士”、“乞士男”、“薰士”等。指出家后受具足戒的男性僧人。其含义有三种：(1)乞士，即外乞食于世人以养色身，并为世人种福；内乞法于如来，以资慧命，并明己之真性；(2)怖魔，即魔闻生怖；(3)破恶，即精勤修习，破除诸恶，尤其是贪、瞋、痴三恶。众，也称“合”、“和合众”、“和合僧”、“法众”等，音译“僧法”、“僧伽”、“僧企那”等。意即僧团。一般需四人以上。构成僧伽有两个条件：一是“理和”，即皆遵循佛教教义，以涅槃解脱为目的；二是“事和”，表现在六个方面：戒和同修、见和同解、身和同住、利和同均、口和无诤、意和同悦。一般所说的僧伽有两种，一是比丘僧伽，一是比丘尼僧伽，合称“二部众”、“二众”。此外还有所谓“四僧伽”，比丘、比丘尼、沙弥、沙弥尼，合称“出家四众”。

【译文】

在古印度的一次佛经结集中，号称“多闻第一”的大弟子阿难尊者，根据自己耳闻目睹，诵出了释迦牟尼佛的如下一次说法。

本经的教法，是我亲身从释迦牟尼佛那里听说的。

那时，佛住在舍卫国内的祇树给孤独园里，聚集在佛周围的全是一些道高德重的大和尚，总数约有一千二百五十人。他们共处一园，不相离舍，组成了一个甚为庞大的僧团，随佛听法修持。

【说明】

这节经文为《金刚经》序分中的通序部分。佛经一般都分序分、正宗分、流通分三部分。其中序分又分通序和别序两类。所谓通序即诸经相通一致，皆需具备的内容，一般包括“如是”、“我闻”，以及说法的时间、法主、处所、听众等六种要素，佛家称其为“六成就”。在这段经文中，“如是”为“信成就”，指阿难之信；“我闻”为“闻成就”，指阿难所闻；“一时”为“时成就”，指说此金刚般若之法的时间；“佛”为“主成就”，指说法之主；“在舍卫国祇树给孤独园”，为“处成就”，指说法地点；“与大比丘众千二百五十人俱”为“众成就”，指闻法之众。除了宗教意义外，它所交代的时间、地点、人物三大要素，也符合现代记叙文的基本要求。佛初说经时本来没有此序，后来弟子们结集佛语时才增加进去，故也称“经后序”。加上这个序分，具备以上六种条件，才能证明经文的真实可信，所以也称之为“证信序”。

传说释迦牟尼临涅弟子难悲痛万分涕哭不已。这时加一大弟子优婆离对阿难说：“你是守护佛法藏得。不要过于悲哀，当问佛灭后诸要事。”于是二人前往佛前，询问了四个问题，其一为：佛所说法，理宜结集。一切经首，当安何语？佛回答说，一切经首当置“如是我闻”，“一时”，佛在某处与弟子若干人俱。因此，后世佛经皆以这种格式开卷。因其系承佛遗教，故也称之为“遗教序”。

还须说明的是，佛教界认为这段经文包含四种意义：其一为“遵佛嘱”，即遵从佛临入涅槃时关于经首格式的嘱咐。其二为“断众疑”。因为在结集经藏时，阿难高升法座，众生颇感其像如佛，遂起三疑：一疑佛重起说法，二疑他方佛来，三疑阿难成佛。为断此疑，阿难开口便称“如是我闻”等语，以示其承佛加被，而非是佛。其三是“息诤论”。即是说阿难与众弟子德业齐等，他要升座宣说教法，若不推从于佛，恐怕会引起不服或争论。有了这段文字便明确指出了所宣教法乃亲闻于佛而非自做。其四为“异外教”。即区别于外道经初用语，成为佛经特有的统一格式。

【经文】

尔时〔1〕，世尊〔2〕食时〔3〕，著衣持钵〔4〕，入舍卫大城〔5〕乞食〔6〕。于其城中，次第乞已〔7〕，还至本处。饭食讫〔8〕，收衣钵。洗足〔9〕已，敷座而坐〔10〕。

【注释】

〔1〕尔时：那时，那一日。指上文所述的六成就具足，机缘成熟，将示金刚般若大法之时。

〔2〕世尊：梵文意译，音译“薄伽梵”或“婆伽婆”。意即世间众生所尊崇者。原为婆罗门教对于长者的尊称，佛教用以尊称佛祖释迦牟尼。《大乘义章》卷二十中说：“佛备众德，为世钦重，故号世尊。”具体讲，即释迦牟尼具足十号之德。故总而称之为世尊。这十号是：1. 如来，即乘“如”实之道“来”而成正觉；2. 应供，即应该享受人、天的供养；3. 正遍知，即能够正确遍知一切事物；4. 明行足，“明”即能知过去的“宿命明”、能知未来世的“天眼明”和断尽烦恼、得大解脱的“漏尽明”等共“三明”。“行”即身、口、意三业。惟佛三明之行具足，故名；5. 善逝，即灭生死，入涅祇；6. 世间解，即世间的一切事相，无不了解；7. 无上士，即世间至高无上的尊贵者；8. 调御丈夫，即善于说教并引导世间修行者（丈夫）入善道、趋涅槃；9. 天人师，即人、天的导师；10. 佛，即自觉、觉他，觉行圆满。关于“十号”，其他经论尚存不同说法。

〔3〕食时：吃饭时分。早期佛教戒律规定日中一食，过午不吃；学佛斋戒，非时不

食。佛教认为诸天早食，叫作初分(丑、寅、卯时，约1–7)；人类午前食，称中分(辰、巳、午时，约7—13时)；畜生午后食，称哺分(未、申、酉时，约13—19时)；神鬼夜食，叫作夜分(戌、亥、子时，约19—1时)。所以这里的“食时”当在日出之后，正午之前的所谓“中分”时期。

据说佛当时规定“过午不食戒”有三种含义：(1)为防晚食碗筷作声，引起饿鬼思食之苦；(2)为比丘托钵夜晚至人家乞食不便；(3)晚食过饱易起欲念妨碍修持用功。过午不食这条戒规曾延续了相当长时期。中国和尚们通常出于生产劳动及保健的需要而不得不吃晚饭，但认为其是“药食”、“病号饭”、“补养饭”。

东方持国天王　持国天王，梵名“提多罗吒”，佛教所说护世四天王之一，主守东方。据说他能护持国土，故称作东方持国天王。

〔4〕著衣持钵：身披袈裟，手持饭钵。佛家之衣种类很多，在布料、式样、颜色、用途等方面皆有较细规定。一般来讲，佛家所穿之衣有3种：1.“安陀会”，意为“五条衣”、“内衣”。用五条布缝制而成。缝制时，布条顺纵横交错，拼作田字形。日常作业和就寝时穿用。2.郁多罗僧，意为“七条衣”、“上衣”、“入众衣”等。用七条布缝制而成，在礼诵、听讲、布萨(诵戒仪式)时穿用。3.僧伽梨，意为“大衣”、“重衣”，用九条布乃至二十五条布缝制而成。若入王宫、王城、聚落，或大众集会、授戒、说法、乞食及其他威仪严肃时处应穿此衣。三衣中条数少则布块大，条数多则布块小，小而密如田间地界，故九条衣也称“福田衣”。三衣统称“袈裟”。“袈裟”意即“坏色”、“不正色”，因其皆用“不正色”(杂色)布料制成。“不正色”指青(铜青)、泥(皂)、木兰(赤而带黑)三色。另外，因为三衣皆由许多碎布片补缀合成，所以又叫“百衲衣”、“衲衣”。据此，这里的“著衣”应是指穿上“福田衣”，即三衣中的第三种——僧伽梨。

持钵：“钵”为梵语音译之略。亦译“波多罗”、“播怛罗”、“钵和罗”等。意译“应器”、“应量器”，意即贤圣应供、食应其量。食应其量又包括应自所食量和应外所施量两种。梵汉并举译成“钵盂”，佛教僧侣的吃饭用具。佛教规定钵须用瓦或铁制成，不许木制。圆形、稍扁、底平，口略小。是比丘“六物”(“三衣”及钵、坐具、滤水囊)之一。凡进食必持钵，尤其是早期佛教实行乞食制，钵更成为僧侣的重要标志，故有“托钵僧”之称。这里“钵”不同于一般僧人的钵盂，而是释迦牟尼佛专用的特种钵。据说托钵制的出现一是为了随顺三世佛法，因为三世诸佛无有手捧食法；二是为了别于外道，因为外道皆手自捧食；三是显示威仪，以别于下贱乞丐。佛教传说，释迦牟尼成佛前接受牧女乳粥是用金器而盛，成道后，四天王闻释迦成佛，惊喜崇敬，便取龙宫中供养的过去维卫佛所用的绀琉璃石钵，将其化而为四，分别献给释迦牟尼。释迦牟尼又将其化四为一，持以乞食。佛灭后，弟子们便建塔珍藏此钵。待弥勒出世后，四天王再将此钵奉献给弥勒佛。照以上说法，这里的“持钵”应是指手持四天王所献的绀琉璃石钵。

〔5〕舍卫大城：即巨大的舍卫城。舍卫城是舍卫国的首都。地广人稠，是古印度最大的城市之一。城外东南五六里即著名的祇树给孤独园。由于陀的教化，城内的王公大臣和平民百姓皈依佛者甚多，此城从而也成为著名的佛教圣城。

〔6〕乞食：讨饭。“十二头陀行”(在衣、食、住方面的十二种修行规定)之一，是早

期佛教的重要制度。佛教规定，比丘应循方乞食，以养其身，此为清净之“正命”（“命”即生活、生活方式），绝对禁止“邪命”，即做种种生业而谋食养命。邪命有四种：一是种植树艺，名“下口食”；二是观察星象，以言休咎，名“仰口食”；三是交结四方豪势，名“方口食”；四是卜算吉凶，名“维口食”。另外，《十二头陀经》把具体的进食又分为三种：一是受请食；二是众僧食；三是常乞食。认为前二食皆可引起恼乱，妨碍修道，因为受人请而食会产生傲慢，而不受人请则又会产生嫌恨或自卑；众僧一起自做而食是随众法，易生散乱，妨碍佛事。所以，三食中只能行“乞食”之法。佛教认为，乞食制有许多很好的作用，对自身来说可以折伏贪慢，清静自活，专意行道；对别人来说，可以令其布施行善，破除悭吝，种下福田。

这里的“乞食”是释迦牟尼佛的乞食，它又不同于一般的僧人行乞。据说，如来受食的方法有三种：一是坐待名膳；二是外来请佛。应请又有两种方法，或是佛亲自去，或是佛在入定、为诸天说法及看管病僧等情况下，派弟子前去请食；三是自行乞食。此处所说的“乞食”即为第三种形式。

〔7〕次第乞已：逐家挨户依次乞食之后。托钵行乞，每次何时而止，经典说法不一，有的认为乞食达于七家即可停止，有的认为乞到钵满为止。所以这里所说的“乞已”绝非乞遍一城。“次第”意即不越贫从富，不舍贱趋贵，不避秽拣净，不弃小择大，慈悲等心，逐街逐巷，挨家挨户，依次行乞。佛家认为，如来佛次第行乞包含五层意义：一是“内证平等”，就是说，佛性平等，无有高下，凡人未证此理，故见众生差别之相，而佛一体同观，不见有贫富贵贱、大小、净秽等相，故能次第而乞。二是“心无贪慢”。无贪则不趋富贵大户，无慢则不傲贫贱小家。三是“表显威德”。小乘无有威德，故不许入恶象之家，以防损害；不许入淫女沽酒之家，以备染著。而佛威德昭彰，故可次第行乞。四是“破二乘分别心”。佛弟子中大迦叶舍富乞贫，他认为穷人之所以穷是因为其前生未做功德，今去行乞即有意让他们在三宝面前种福，以使其来生富贵。与此相反，须菩提却舍贫乞富，他认为富人之所以富是因为他前世做了功德，今若不向他化缘，给他种福的机会，使其今生未积功德，那么来生就穷了。佛次第行乞遂破其分别之心。五是“息凡夫猜嫌”。就是说，若舍富从贫，易致凡夫生猜；若舍贫从富又可致凡夫生嫌，故佛次第而乞，凡夫猜嫌之念自可俱息。今天看来，这种次第行乞的做法包含着不近权贵、众生平等的思想，也从一定角度反映了该经产生于释迦佛尚未被神化的大乘初期时代。

〔8〕饭食讫：饭食，进食、吃饭。讫，完毕，终了。即吃完饭后。行乞之法，钵满即止，乞毕即归，不得随乞随吃。所乞之食也不能独自食用，一般来说，除自留一份食用外，还要供养师长，兼济老弱，并施水陆众生。如来所乞之食一般分作三份，一份布施陆地众生，一份布施水中众生，一份自食，若有老弱病残，亦分施之。所以这里的“饭食讫”并非一般意义的“吃完饭”，它包含着分施仪式，各自进食等项内容。

〔9〕洗足：印度佛教僧侣凡外出皆赤足而行，以保护各类生命，所以一旦回归，均有洗足之举。正因为如此，我们只能看到有关僧人衣帽方面的许多规定，而很难找到关于鞋的穿制之法。后来佛教对此正常之举又予以升华，将其解释为，恐著尘染，消除凡情。尤其是随着对佛的神化，对此还提出新的疑问，认为凡佛行走离地四指或莲花承足，不染凡尘，佛的三十二相中也有不染尘相，那么又何必洗足呢？这样便出现了新的解释，一种认为洗足含三义：一是“顺世”，即顺世人自外而归，洗足除尘之常情；

二是“表法”，即洗去烦恼垢染，显得清净法身；三是“后轨”，即为了轨范后人。此外还有的说是为了表示众生烦恼应净，为了让诸天下礼佛足，为了尊敬般若，故需净身方可演说等。

〔10〕敷座而坐：铺好座位，安然而坐。敷：铺开、摆开、布置。坐为佛教“四威仪”(行、住、坐、卧)之一。佛教认为，行易掉举(任运攀缘，能引散乱)，住易疲劳，卧易昏沉，所以修行者惟以坐为胜。佛教对坐的方式、作用等均有详细规定和说明，其常式为“结跏趺坐”。这种坐法创自释迦牟尼，据说他在尼莲禅河畔的菩提树下静坐禅思时即采取了这种坐式。以后凡佛打坐，皆以此式，所以这里的坐应是结跏趺坐。其方式是盘腿而坐，两趺(脚背)交叉放于股上。佛教认为结跏趺坐有五益：1. 收敛身心，使身得安稳，心得端直；2. 经时久而不倦；3. 释子独有，不共外道；4. 坐相端重，令人敬信；5. 佛门共许，贤圣称赞。

【译文】

有一天上午，临吃饭之时，世尊穿上袈裟，手持钵盂，亲自到那庞大的舍卫城里去乞食。在城中，世尊慈悲平等，不越贫从富，不舍贱趋贵，不避秽拣净，不弃小择大，逐街逐巷，挨家挨户，依次行乞。乞满钵盂后，世尊又离城而出，返回祇树给孤独园，与众僧一起吃用所乞斋食。吃毕饭后，世尊便将衣服和钵具收拾起来。接着又洗净双脚，去除染尘，铺好座具，结跏趺坐，端身正念。

【说明】

此节经文为《金刚经》序分中的别序部分。所谓“别序”，是针对序分中第一部分即“通序”而言的，意即此中所叙内容虽为序而有别于他经。根据其内容来说，也叫“发起序”。佛教将全部修持活动总结为戒、定、慧“三学”，戒即戒律，防止身、口、意“三业”之不净；定即禅定，指集中意念以观悟佛理；慧即智慧，佛家称之为“般若”，它可使修持者体悟实相，获得彻底解脱。三学缺一不可，其关系是戒能资定，由定生慧。据此，佛家认为，该段经文所讲的“食时”(非时不食、日中一食)、“著衣”、“持钵”、“乞食”、“次第乞”、“饭食讫”、“收衣钵”、“洗足”等皆属“戒”学方面的内容；“敷座而坐”则属“定”学方面的内容。正因为此段的戒、定，才“发起”了下文的般若波罗蜜之法，即慧学的弘宣，故而将此段文字称为“发起序”。从我们今天的行文习惯来看，此段文字属于正文之前的铺垫，它交代了事件发生前的背景，在全经中具有十分重要的地位。宋代道川禅师针对此段经文曾有一颂曰：“饭食讫兮洗足已，敷座坐来谁共

四大天王之增长天王　梵名“毗流驮迦”，佛教护世四天王之一，率诸鸠槃茶(瓮形鬼)、薜荔(饿鬼)等主守南方阎浮提洲。据说此天王能令他人增长善根，故名。

委。向下文长知不知，看看平地波涛起。”这可说是对此段经文在引起下文方面的绝妙描述。

单独就这段经文来看，它为我们提供了一幅古代印度佛教日常生活的画面：在著名的祇园精舍里，有一具由一千二百五十余人组成的庞大僧团。释迦佛为其教主，师徒们一起生活、一起修持。释迦佛与弟子们一样，穿上僧伽大衣，手托钵盂，赤足徒步去舍卫城里乞食。乞食的方法是挨家逐户，不跨街越巷，不论贫富贵贱依次乞讨，钵满后再回到园中按一定的仪式向水陆众生施舍后再食。吃完后还必须把僧伽大衣脱下，换上修持时穿的七条衣，钵盂也得收拾起来。接着便是洗涤双脚，此后铺设座位，各自打座入定。下来的活动就是弟子们提问，释迦佛解答，即该经下边所要叙述的内容。

这段文字朴实无华，它的叙述方式不同于根本般若的那种铺张说法，而与原始经典如九分教、十二分教以及后来的阿含形式接近，这表明该经是在小乘末期、大乘的萌芽时期产生的一部经典。另外，文中释迦牟尼佛以一个凡人的面目出现，著衣持钵，自行乞食，收衣洗足，敷座而坐，与一般僧人别无二样，这说明了当时释迦佛尚未被神化。而在其他般若经序中，往往是以佛的放光动地、无数天神菩萨俱来听法等作为发起。可见，《金刚经》的产生是比较早的。从佛的次第行乞中透出一种不近权贵的精神，这似乎也暗含着对统治者支持传统佛教的不满情绪，从而也反映了它的早期性。

还须说明的是，除罗什译本外，其他诸译本在这段文字后面还有一段内容，以流支译本为例，这样写道：“尔时，诸比丘来诣佛所。到已，顶礼佛足，右绕三匝，退坐一面。”“诸比丘”指与佛共处一园的大比丘们，他们如佛一样“饭食讫、收衣钵、洗足已”之后，便到佛这里来，以便听佛说法。“顶礼佛足”是佛教的一种重要礼仪。简称“顶礼”，也称“五体投地”、“顶礼膜拜”、“头面礼足”。“顶”即头，“顶礼佛足”即用头礼佛之足。《释门归敬仪》卷下：“我所高者，顶也，彼所卑者，足也。以我所尊，敬彼所卑者，礼之极也。”具体做法是立正、合掌，接着右手撩衣，下屈两膝，再屈两肘，以手上承佛足，然后依次起头、抬肘、伸膝。行此礼时五体(两肘、两膝和头)皆要着地。佛灭后，佛教徒向佛像行礼时，要舒二掌过额，承空，以表示头触佛足。现代中国佛教徒拜佛时，曲膝、弯腰于拜垫上，以头按于两掌之间，手掌朝上，心想以手承接佛足。“右绕三匝”，即围绕着佛右绕(即顺时针方向行走)三圈，表示对佛的尊敬。这也是常见的佛教礼仪。原为古印度礼节之一，后被佛教采用。圈数少者一圈，常见者三圈，多者达百千圈。“退坐一面”，即礼佛结束后退下坐在一边。罗什省去此段文字可能是由于前有“大比丘众千二百五十人俱”，后又有“在大众中”等语，已足以说明这次听讲佛法活动的参加者，加之这段文字在整个经文中并无太多作用。当然也可能是罗什所据梵本不同而导致的。

【经文】

时，长老[1]须菩提[2]在大众中，即从座起，偏袒右肩[3]；右膝著地[4]，合掌[5]恭敬而白佛言：

“希有[6]！世尊，如来[7]善护念[8]诸菩萨[9]，善付嘱[10]诸菩萨。世尊：善男子、善女人[11]发阿耨多罗三藐三菩提心[12]，云何应住[13]？云何降伏其心[14]？”

佛言：“善哉！善哉！须菩提：如汝所说，如来善护念诸菩萨，善付嘱诸菩萨。汝今谛听，当为汝说。善男子、善女人发阿耨多罗三藐三菩提心，应如是住；如是降伏其心。”

“唯然[15]！世尊。愿乐欲闻。”

【注释】

须 菩 提

〔1〕长老：对受戒时间长而修行高深的僧人之尊称。亦译作“具寿”、“慧命”等，据《十诵律》卷39：“佛言：从今下座比丘唤上座言长老。尔时但唤长老不便，佛言：从今唤长老某甲，如唤长老舍利弗、长老目犍连、长老阿难。”后来，长老又细分为三种：一是年齿高、受戒时间也长者，如佛十大弟子中的摩诃迦叶。二是法性长老，即智慧具足，精通佛法，通达妙义，能讲经说法者，它不以年齿修行为标准。如佛十大弟子中号称智慧第一的舍利弗。据说他异常聪明，可在7天之内通达一切佛法经藏，8岁时就登座说法，把印度所有的论师辩驳得张口结舌，使他们不得不心悦诚服，甘拜下风，所以少年时代就做了法性长老。三是福德长老，即有福报又有德行者。这里的长老三义兼容。另外，长老也是对住持的尊称，如《百丈清规》卷2说：“如奉其师为住持，而尊之曰长老。”

〔2〕须菩提：释迦牟尼佛十大弟子之一，号称“解空第一”。亦译“须浮帝”、“须扶提”、“苏部底”等。意译“善现”、“善见”、“善吉”、“空生”、“妙生”等。古印度拘萨罗国舍卫城人。属婆罗门种姓。据说其家十分富裕，拥有108个装有各类财宝的宝库，须菩提生时，家中所藏的金银珠宝尽化为空，故称其为“空生”。那时，其父母惊异生疑，遂请相师占卜，师称此子既善且吉，无须顾虑，故名“善吉”。又说，生后7日，库中财宝复现，故又名“善现”。佛教解释说，由于须菩提累世修持空观，悟得无相性空之理，故其生时才会出现家宝俱空之相，此乃空理之显现。其后财宝的复得，则表显空非偏空。还有一说，认为须菩提本是东方青龙陀佛，后影现于释迦之会，示迹为阿罗汉，辅助如来行化。其实，须菩提原来并不太出名，在小乘经中很少露面，只在《阿含经》中出现过一两次。大乘佛教产生后，须菩提才走红一时，这是因为他是一个有历史根据的实在人物，易于起信，尤其是号称“解空第一”，所以在专讲性空的般若类经典中频频出面，

成为佛陀说法的助手和配合问答的搭档。

〔3〕偏袒右肩：把右肩袒露出来。为古代印度的一种礼节，表示非常恭敬。佛教规定僧人穿袈裟皆要露出右肩，故上衣皆为斜披。今天南传小乘佛教僧人的衣着即保持佛在世时的传统，自左肩斜搭而下。中国僧人搭衣也是露出右肩，只是加了一个钩环，以防脱落。

〔4〕右膝著地：右膝跪在地上。古印度佛教的一种礼节。也称为“胡跪”，即单膝下跪，为比丘采用之式，而比丘尼则须长跪，即双膝下跪。据《文殊问般若经》说，右是正道，左是邪道。所以右膝著地，即表示以正去邪，皈心大法。也表示敬上卑己，以此领命之意。

〔5〕合掌：双手相互并合。佛教的一种常见礼节。也称“合十”。具体做法是左右合掌，十指并拢，置于胸前，表示衷心敬意。原为古印度的一般礼节，犹中国的拱手相敬之礼。佛教沿用，认为手本两边，合拢为一，表示不敢散乱，摈除荒诞，专至一心。至今仍为世界各地佛教徒最为普遍的礼节。

〔6〕希有：稀奇少有，难能可贵，难得。为赞佛之词，佛经中经常出现。一般含四义：一是“时希有”，即过去迦叶佛与未来弥勒佛之间相去千万年，除释迦外中间更无。二是“处希有”，即三千大千世界中惟有一佛。三是“德希有”，即释迦牟尼福慧超绝，功德不可称说。四是“事希有”，即佛用大慈悲心现多种身相，演无量法门，利益一切众生。这里的“希有”兼含四义。

〔7〕如来：释迦牟尼佛的十号之一。梵文意译。音译“多陀阿伽陀”、“答塔葛达”等。“如”亦名“如实”，即“真如”，意即佛所说的“绝对真理”；循此真如达到佛的觉悟，故名“如来”。有三如来：其一为应身如来，谓应机示现，后佛如先佛之来，而化众生；其二为报身如来，谓乘如实之道，来成正觉。如《大智度论》卷24说：“如来者，乘如实道来成正觉，故曰如来”。故此，若迷时背觉合尘，则名如去；悟时背尘合觉，即名如来。其三为法身如来，谓：“无所从来，亦无所去，故名如来。”(《金刚经》)因为如来法身毕竟寂寞，犹如虚空，圆满遍在，故无来去。佛家认为，此种真性之如，明则照无量世界而无所蔽，慧则通无量劫事而无所得，能变现为一切众生而无所不可。真可谓自如之至了。这里所说的“如来”指第一种应身如来。

〔8〕护念：护持眷念，爱护关怀。即令其内德坚固，悟得圣智，成就佛法，并与教化力，以摄受众生。“问：诸佛护念有何利益？答：犹如鱼子母，念则成不念则坏。菩萨亦尔，佛若护念，善根则成；若不护念，善根则坏。”(《续藏经》卷38)

〔9〕菩萨：梵语音译之略，全称“菩提萨埵”、“摩诃菩提质帝萨埵”。意译“觉有情”、“道众生”、“道心众生”。汉文佛典中曾译作开士、始士、高士、大士、圣士、超士、力士、无双、大圣、法臣等。“菩提”，意为“觉”、“智”等，指对佛教真理的觉悟。旧译借用老庄术语曾译为“道”，谓通向佛教涅槃之道路。广义说。几断绝世间烦恼而成就涅槃之智慧，通称菩提。“萨埵”，意为“有情”、“众生”、“有情众生”，佛教对人和一切的情生物的通称。后之，草木、山河、大地、土石等无情识的东西称为“非情”、“无情”。“菩提”与“萨埵”合在一起，意为“觉悟有情”。

菩萨又分两种，据《大智度论》卷7称，一是居家菩萨，一是出家菩萨，菩萨身也分为两种，《大智度论》卷74说：“菩萨有两种：一者生死肉身，二者法性生身。得无生忍法，断诸烦恼，舍是身后得法性生身。”菩萨也是佛教“四圣六凡”说中的“四圣”之一，其位仅次于佛，又高于声闻、缘觉。菩萨还是佛教“三乘”之一，与声闻乘、缘觉乘相比属于大乘、无上乘。此外菩萨的修行称“菩萨行”；其教法以达到佛果为目的，称“菩萨乘”；经典称“菩萨藏”；戒律称“菩萨戒”；大慈大悲大喜大舍，发菩提心，度无量众生，以共皆成佛，则称作菩萨精神。中国佛教有“四大菩萨”之说，其是：“大智”文殊菩萨，“大行”普贤菩萨。“大悲”观音菩萨，“大愿”地藏菩萨。大乘僧侣或居士有时也被尊称为菩萨。

〔10〕付嘱：托付谆嘱或吩咐嘱托。意指将佛法委托交付，嘱其荷担承传。

〔11〕善男子、善女人：善男、善女，即内有善心、外有善行、口有善语的男子和女人。意指皈依三宝，信奉佛法的善男信女。佛经中往往呵斥女人，在修证方面又常说女人障重，不能成佛，必先转化为男身才可。此处女人与男子并称，言下之意即只要具有善根，共发大心，则一样有成佛的资格。

〔12〕发阿耨多罗三藐三菩提心：发起无上正等正觉之心，即发起追求无上圣智、进趋佛果、彻底解脱的心愿。“发心”是佛教极常用的一个名词，意即发愿、发誓、立志，一般指发起解脱苦难、往生净土或求无上觉悟、进达佛果的愿望。“阿耨多罗三藐三菩提”是梵语的音译，略称“阿耨菩提”，意译“无上正等正觉”。旧译为“无上正遍觉”、“无上正遍知”、“无上正等道”。一般不作意译。佛教认为，“阿耨多罗三藐三菩提”是能觉知一切“真理”，并能如实了知一切事物，从而达到无所不知的一种智慧。它是超人的、至高无上的圣智，只有佛才具有，因为外道有觉，但是邪觉而非“正觉”；阿罗汉皆得正觉，但因其畏生死如牢狱，急于自度不行普度，无平等之心，故非“正等”；菩萨自觉觉他，具足“正等正觉”，但尚不如佛之觉行圆满，故非“无上”。所以《大智度论》卷85说：“惟佛一人智慧为阿耨多罗三藐三菩提。”大乘菩萨行的全部内容就在成就此种觉悟，所以“发阿耨多罗三藐三菩提心”亦即发心学菩萨道，誓愿行大乘法，立志成佛果位。《金刚经》全部经文，实即围绕这一主题而展开。

〔13〕云何应住：当住于何处或应该怎样安住。“住”，即执著、放置、安住等。此句紧接上句“发阿耨多罗三藐三菩提心”，意谓所发之心应放置何处，亦即所发之成就佛道之宏愿应如何落实。由于该经所讲的般若理论以性空假有、无住生心为基本特色，因此，所谓的“住”只能是无住而住，以般若观照一切，悟得实相，成就佛果。故此，古往今来，人们将“云何应住”分别解释为“云何可以安住谛理”(僧若讷)，“怎么样得到常住真心”(宣化上人)，“此心欲契实相般若之理，有何方法能令相应而住”(圆瑛)，“应该如何把握住真正的佛法”，等等。这些解释各有其优。通俗地讲，这里的“住”应是指发心求无上觉悟者应如何证悟般若，以与阿耨多罗三藐三菩提相契合，从而掌握大乘佛法的真谛。

〔14〕云何降伏其心：应如何降伏其妄心，亦即怎样制止其不正确的心思。心有真妄之别，真心应住，住于无住，清净若水，澄彻若镜；妄心应降，降而无降，不住于相，一尘不染，如此才是真正的降伏。妄心，即住相之心，为客尘污染之心，执著一切事物之心，于法有所分别之心，亦即贪、瞋、痴心。发心求佛道者稍有不慎，妄心即起，从而有阻修持，影响觉悟，障碍成佛，故应随时降伏。

〔15〕唯然：“唯”即“唯唯诺诺”，为应答之辞，相当于太好啦！就这样！但愿如此！

【译文】

就在这时，座下众僧中有位叫须菩提的长老立即从其座位中站立起来，他斜披袈裟，偏袒右肩，徐步而行。来到佛的面前后，便左膝曲空，右膝跪在地上，双手合十，置于胸前，诚心静气，向佛行礼，然后，恭恭敬敬地对佛说道：

“难得啊！世尊。我佛如来总是善于护持眷念、爱护关怀各类菩萨们，也总是善于吩咐谆嘱各类菩萨们。世尊：若有善男信女发愿成就无上正等正觉，立志行大乘菩萨道，誓愿证成佛果，那么他们应如何安住其真性之心，以证悟般若，把握真谛，最终与无上圣智契合，获得彻底的解脱？应如何降伏其妄念之心，以消除客尘污染，专心修道，断绝烦恼，进趋佛果？”

佛回答说：“好呀！好呀！须菩提：正像你所说的那样，如来善于护持眷念、爱护关怀各类菩萨们，也善于吩咐嘱托各类菩萨们。你们现在认真地听着，我将要为你宣说。善男信女若发愿追求无上正等正觉，立志行大乘菩萨道，誓愿证成佛果，那么，他们就应如此这般地安住其真性之心，以契合无上圣智，永获解脱；应如此这般地制服其妄念之心，以消除客尘污染，专心修道。”

须菩提闻佛已应允解答其问，便兴奋地说：“太好啦！世尊。我们都非常高兴，愿听从您的教诲。”

【说明】

此节经文承上启下，是正式说法的前奏，由此引出了与佛相互问答的主要角色，即号称“解空第一”的大弟子须菩提，《金刚经》全文即主要由此二人的问答形式构成。文中以须菩提的请问，佛的许答，弟子们的欲闻等紧密相连的情节很自然地引起了下段经文。梁时昭明太子将此科为第二分，名“善现(即须菩提——笔者)启请分”。这段经文明显地包括着须菩提请问及如来佛许答两大部分。笔者将其划分为四段(见上原文及译文)，第一段述说了须菩提请法之仪，即从座而起，偏袒右肩，右膝著地，双手合十，恭敬致礼。它为我们勾画了一幅古代印度佛教说法活动的一个具体场面，尤其是为我们提供了佛教内部听法者与说法者之间所特有宗教礼仪。第二段是须菩提的请法之词，即先称赞如来佛的“希有”与功德，再提问善男信女发心学佛的方法与注意事项，即“云何应住？云何降伏其心？”这两个问题的提出是这段经文的关键内容。发心学佛者，其心如何安住，如何降伏，亦即住真心，降妄心的问题，二者

四大天王之广目天王　梵名“毗留博叉”。佛教护世天王之一。据说他能以清净天眼观察护持世界，故名。他居于须弥山白银埵，率领诸龙族及富单那(臭饿鬼)等守护西方瞿耶尼洲。

相互关联，因为降伏妄心，即可安住真心；安住真心，即能降伏妄心。妄心真心实即一心，盘缘执著、随情动乱即成妄心；远尘离垢，绝虑止息即成真心。所以，住心降心都是修心，而修心正是修行的根本和目的所在。流支、真谛、笈多、玄奘、义净等其他5种译本此处皆有"云何修行"一问，共成三问，意义更为清楚。罗什省去此问恐怕出于住心、降心都是修心，修心即是修行这一缘故吧。第三段是佛的解答之语，紧扣须菩提的请法之词，先肯定其所赞为是，再允答其问。如来佛对住心与降心这两个问题的解答贯穿于如下全部经文，可以说正是《金刚经》的中心内容。第四段是须菩提表示"愿乐欲望"。经文至此，表明听法者已全神贯注、洗耳恭听，静候如来佛开口宣讲金刚般若之法，下面的经文则是呼之欲出的了。

【经文】

佛告须菩提："诸菩萨、摩诃萨〔1〕应如是降伏其心：所有一切众生〔2〕之类——若卵生〔3〕、若胎生〔4〕、若湿生〔5〕、若化生〔6〕、若有色〔7〕、若无色〔8〕、若有想〔9〕、若无想〔10〕、若非有想非无想〔11〕，我皆令入无余涅槃〔12〕而灭度〔13〕之。

"如是灭度无量、无数、无边众生，实无众生得灭度者。何以故？须菩提：若菩萨有我相〔14〕、人相〔15〕、众生相〔16〕、寿者相〔17〕，即非菩萨。"

【注释】

〔1〕摩诃萨：梵语音译之略，全称："摩诃萨埵"。意译"大菩萨"。"摩诃"，意为"大"，"萨埵"，意为"众生"、"有情"。《大智度论》卷5中说："摩诃名大，萨埵名众生，或名勇心。此人心事为大事，不退不还大勇心，故为摩诃萨埵。"旧译作"大心"、"大众生"，新译作"大有情"，意即有做佛之大心的众生。佛家认为，大菩提应具备七个条件：一是具大根，谓其在无量无边劫以前就供养三宝，做了许多功德，已于无量千万数佛前种下善根；二是有大智，即发菩提心，广度众生而有著众生之相；三是信大法，即能信般若波罗蜜之法；四是解大理，即了解众生本来是佛，实相般若有离众生之心；五是修大行，即勤修布施、持戒、忍辱、精进、禅定、般若等六度及一切善行，难行能行，难舍能舍，难忍能忍；六是经大劫，即经历三大阿僧祇劫（极长的时期），悲智双运，行愿不退；七是求大果，即追求阿耨多罗三藐三菩提道。

〔2〕众生：亦称"有情"、"有情众生"。包括天神、人类和一切动物。这些东西都有情识，故名"有情"。又因其由众法因缘和合而生，故名"众生"。所谓众法包括色、心二法，其中色法指地、水、火、风四法；心法指受、想、行、识四法。内外八法亦即色、受、想、行、识五蕴。

〔3〕〔4〕〔5〕〔6〕卵生、胎生、湿生、化生：合称"四生"。指天、人、阿修罗、畜生、饿鬼、地狱等六道中所有众生的四种形态。

卵生：即从卵壳中出生的动物，如鸡、雀、乌鸦、鹊、孔雀等。

胎生：即由母胎生出的人和动物。

湿生：亦名“因缘生”，指在水中或湿气中生长的动物。

化生：指无所依托，借业力而出现者，如诸天神、饿鬼及地狱中的受苦者。

佛教把此岸世界从低到高划分为欲界、色界、无色界共三种境界。欲界为具有食欲、淫欲的众生所居，包括地狱、畜生、饿鬼、六欲天和人以及他们所依存的场所。色界位于欲界之上，为已离食、淫二欲的众生所居，但他们本身及所依存的场所仍为色(物质)界所属。包括四静虑处共十七种天，通称“色界十七天”。无色界更在色界之上，为无形色众生所居，包括四天，通称“四无色天”，即“空无边外天”、“识无边处天”、“无所有处天”、“非想非非想处天”。佛教认为三界是迷界，是苦海，各类众生均依其前世之业而居于三界之不同界域内，在未进入涅槃获得彻底脱之前。众生总是在这三界之中以天、人、阿修罗、畜生、饿鬼、地狱等六种形态而不停地轮回转生。这里的卵、胎、湿、化四生通于三界六道，其中前三生在三界中位处欲界之中，化生则通于三界。因其后经文别列色界、无色界众生，故此处应专指欲界众生。

〔7〕有色：具有物质形体的众生，如欲界四生和色界的天神。这里只指三界中的色界众生。这些众生已离食、淫二欲，无男女之形，无情欲之动，但其仍为“色所属界”，即仍离不开物质。不过他们是由一种清静妙色所构成，所以色相胜妙而不同于欲界四生粗俗的物质身体。

〔8〕〔9〕〔10〕〔11〕无色、有想、无想，非有想非无想：三界中最高级的无色界内的天神，没有可见的形体，属纯精神性的众生。他们仅以“众同分”(使众生得同样果报之因，相当于共性)和“命根”(相当于寿命)而得存在。

无色：泛指无色界内众生。也有人认为是专指无色界四天中最初的“空无边处天”。

有想：指无有形体，但有思想活动，并以此“有想心”相续为命的众生，位处无色界四天中的第二天即“识无边处天”。

无想：指既无形体也无思想活动，完全入定状态的众生。处于无色界四天中的第三天即“无所有处天”。

非有想非无想：指谈不上有无思想活动的众生。处于四无色天中的第四天即“非想非非想处天”。

〔12〕无余涅槃。涅槃的一种。指“生死”之困果都尽，不再受生于世间三界、绝对清净圆满、永恒常住的状态。

涅槃。梵语，全称“涅槃那”。旧译作“泥日”、“泥洹”、“泥畔”等，意译“灭”、“灭度”、“寂灭”、“无为”、“不生”、“解脱”、“安乐”等。玄奘以前多译灭或灭度，玄奘以后，多译圆寂。是佛教全部修习的最高理想，一般指熄灭生死轮回而后获得的一种精神境界。佛教认为，人生皆苦，“三界无安，犹如火宅”，而苦的原因在于有烦恼和各种思想行为(业)，特别是世俗欲望和分别是非之观念，涅槃即是对“生死”诸苦信及其根原“烦恼”的最彻底的断灭。《大乘义章》卷18说：“外国涅槃。此翻为灭。灭烦恼故，灭生死故，名之为灭。离众相故、大寂静故。名之不灭”。作为佛教的彼岸世界，涅槃之道，盖是三乘之所归，方等之渊府。渺漭希夷，绝视听之域：幽致虚玄，殆非群情之所测。”(《涅槃无名论》)

涅槃的分类很多，通常分为有余涅槃和无余槃两种。有余涅槃也称“有余依涅槃”，指断除贪欲，断绝烦恼，即已灭除生死之困，但作为前世惑业造成的果报身(即肉身)还留在世间，而且还有思虑活动，是不彻底的涅槃。无余涅槃是相对于涅槃而言，比有余涅槃更高一层的境界。在这种境界中。不仅灭除生死的因，也灭尽生死的果，灰身灭智，捐形绝虑，不再受轮回转生之苦。

〔13〕灭度：灭尽一切烦恼，度脱生死苦海，即进入涅槃境界。本为涅槃之意译。作为名词指涅槃境界；作为动词，指时入涅槃，或使……时入涅槃。

〔14〕〔15〕〔16〕〔17〕我相、人相、众生相、寿者相：我的相状、他人的相状、众生的相状、寿命的相状。相，即事物之相状或特征，表于外而想象于心者。真谛、玄奘、义净诸本皆译作“想”，意思就是关于我、人、众生、寿者的认识和分别。

据《实用佛学辞典》“我人四相”条解释，“一我相，于五蕴法中计有实我、有我之所有也。二人相，于五蕴法中计我为人，异于余道也。三众生相，于五蕴法中计我依五蕴而生也。四寿者相，于五蕴法中计我一期之寿命，成就而住，有分限也。”佛教认为人是色(地、水、火、风)、受、想、行、识“五蕴”在一定条件下的暂时聚合，所以惟有假名，而无实体，由此得出“人我空”的结论。这里的我、人、众生、寿者四相皆是指人我而言，所以可总结为“我”相，亦即“人我执”。这是佛教所要破除的一种主要观念。小乘把这种“我执”视为万恶之本，一切谬误和烦恼的总根源。如《俱舍论》卷29说：“由我执力，诸烦恼生，三有轮回，无容解脱。”大乘佛教在破“人我执”、显“我空”之理的同时，还破“法我执”，显“法空”之理，此即下句经文所要讲的内容。

【译文】

如来佛告诉须菩提说：“诸位菩萨包括大菩萨们应该这样制伏他们的妄心：所有三界六道中的一切众生——诸如欲界中依卵壳而生出的众生、由母胎而生出的众生；因潮湿而生就的众生，无所依托而仅借其业力得以出现的众生；诸如色界中已离食、淫二欲、无男女之形，无情欲之动，纯由清净绝妙之物质构成的有物质形体的众生；诸如无色界四天中那些无可见之物质形体、纯属精神性的众生；如位处“识无边处天”、无有形体，但有思想活动，并以此想心相续为命的“有想”；位处“无所有处天”、既无形体也无思想活动、完全入定状态的“无想”；位处“非想非非想处天”的那些谈不上有无思想活动的众生。所有这几大类众生我都要使他们断尽烦恼、永绝诸苦，进入绝对清净圆满、永恒妙乐常住的涅槃彼此岸世界，从而使他们获得彻底的救度和最终的解脱。

我虽然如此救度无尽量、无数目、无边界的芸芸众生，但实际上并没有真正的众生获得救度。为什么这样说呢？须菩提：如果菩萨心中还存有自我的相状、他人的相状、众生的相状、寿命的相状，并分别执著、认其为真，那他就不能算作真正的菩萨。

【说明】

梁时昭明太子将此节经文科判为“大乘正宗分”，足以说明其在全经中的重要地位。此后历代注释家对此段均给予极大重视，甚至认为它是全经之纲宗。古印度著名的大乘学者无著在解释此段经文时曾做颂说：“广大第一常，其心不颠倒。利益深心住，此乘功德满。”无著之弟世亲又将此偈解释为菩萨应具备的“四种心”，他说：“何等为四种心？一广、二第一、三常、四不颠倒。”(《大正藏》卷25)他认为所谓“广心”即菩萨发心，遍度三界六道一切众生，如经中所说的“所有一切众生之类，若卵生、若胎生、若湿生、若化生、若有色、若无色、若有想、若无想、若非有想非无想”。所谓“第一心”指经中所说的：“我皆令入无余涅槃而灭度之”，即是说菩萨普度众生并不是使他们在轮回转生中往生五人于之上界，也不是让他们超脱轮回成为罗汉，而是使他们尽入至高无上的无余涅槃，所以是“第一心”所谓“常心”，即经中所说的“如是灭度无量无数无边众生，实无众生得灭得度者”。即菩萨不见众生异于菩萨之相，性皆如同虚空故无疲厌之心，诲而不倦，常度不息。所谓“不颠倒心”，即经中所说的“何以故，若菩萨有我相、人相、众生相、寿者相，即非菩萨”。意即虽常度众生，而不见众生可度，因为菩萨已破除了颠倒之心，无有“我见”。世亲认为此四心是四种“深利益菩提心”，此是菩萨大乘住处，即是菩萨修行济世，行大乘之法，证阿耨多罗三藐三菩提所应具备的基本条件。这种“四心”释基本上道出了这段经文的大意，加上无著、世亲在印度佛教史上的卓越地位，所以中国历代注释家大都继承了这种说法。

四大天王之毗沙门天王　毗沙门是梵文，直译为“多闻天王”。佛教护世四天王之一。因传说他常去听释迦说法，所以称“多闻”。率领夜叉、罗刹等守护着北方郁单越洲。

为了理解的方便，我们把这节经文划分成两段。第一段主要讲菩萨的大愿。佛教典籍中对菩萨的大愿说法不一，最著名的是“四弘誓愿”，即“众生无边誓愿度，烦恼无尽誓愿断，法门无量誓愿学，佛道无上誓愿成”。《心地观经·功德庄严品》在讲到这四弘誓愿之后说：“善男子：如是四法，大小菩萨皆应修学。”所以说这四种大愿便成为菩萨行者的总愿，其核心则是普度众生。佛教认为，菩萨普度众生应具备四种精神，亦称：“四无量心”，即慈、悲、喜、舍。慈无量心指思维如何为众生做好事，给其带来欢乐；悲无量心指思维如何才能消除众生的苦难；喜无量心指见到众生离苦得乐而感到喜悦；舍无量心对地众生无憎无爱，一视同仁，平等对待。此即佛家常说的大慈大悲大喜大舍，具备了这种风范才能广度一切众生，而广度一切众生又是专心行菩萨道、求证无上正等正觉者的基本标志。这段经文所讲的“所有一切众生之类”，“我皆令入无余涅槃而灭度之”，正好表明大乘佛教这种意趣。

第二段的中心思想是破除“我相”，解开“我执”，消灭“我见”。经中说菩萨虽发愿灭度无边众生，但实际上并没有众生得到灭度，因为作为菩萨就不会有我相、人相、众生相、寿者相，亦即不能有对人我的执著，而没有人我的概念，也就不会有作为度者和被度者的分别，如此便会得出“实无众生得灭度者”的结论。

无我论是佛教“三法印”之一。法印即印证是否真正佛教的标准。除无我论外，还有无常（世界万有变化无常）论和涅槃论。无我亦称“非我”、“非身”。广义的无我包括人无我（人空）和法无我（法空）两类。本段讲的无我指人无我。“我”为梵文意译，音译“阿特曼”，原意为“呼吸”。古印度婆罗门教视其为个体灵魂（“生命我”）和世界灵魂（“大我”）或“宇宙统一的原理”。佛教转义为“生命”、“自己”、“身体”、单一性、独自性以及永恒不变性等含义。唐代高僧窥基的《成唯识论述记》中说，“我”即主宰，包含二义，一是有“自在力”，“如国之主，有自在故”；二是有“割断力”，“如辅宰能割断故”。意思是说“我”即绝对独立自主，可任性支配一切的活的实体。通俗地讲，“我”即支配人和事物的内部主宰者。

作为事物内部的主宰“我”既无集合离散，又无生灭变化，是独立自主、永恒不变的实体。所谓“无我”，意思是说一切事物都没有独立的、不变的实体或主宰者，也就是说世界上的一切存在都不是永恒的、实在的，而是相对的、暂时的。“人无我”即人并没有独立的主宰或永恒的灵魂。因为人是由各种因素在一定的原因和条件下暂时聚合而成的，是由相对的互存关系和条件决定的，离开这些条件和因素也就不会有人的出现和存在。这些因素即色、受、想、行、识“五蕴”（“蕴”即积聚）。“色”相当于物质，指肉体。具体讲包括地、水、火、风“四大”。皮肉筋骨属于地大，精血口沫属于水大，体温暖气属于火大，呼吸运动属于风大。“四大”和合而成身体，此即“色”，属于物质因素。受、想、行、识四蕴属于精神因素。“受”指外界影响于生理、情绪以及和伦理学有关的痛痒、苦乐、喜忧、好恶等感受、感情。“想”指认识直接反映的影响以及据此能形成的种种名言概念，相当于感觉、知觉、表象、概念等。“行”指意志活动，相当于思虑、筹划、判断、意向、动机等。“识”指统一前几种精神活动的意识。佛教认为，人是物质现象和精神现象的综合体，是非常科学的。但佛教认为“五蕴”是分散而灭、成坏无常、虚幻不实的，所以人根本没有一个真实的本体存在，而仅仅是一种假相，其本质是空的。

佛教认为，众生为“无明”所障，不懂我空的道理，把人执著为实在的主体，产生了关于“我”的观念，从而热衷于自我、他人、众生、寿命等的差别，并由此产生和增长贪欲、瞋恚、愚痴（称为“三毒”），形成各种烦恼，进而造各种“业”（行为），而有“业”就有果报，就有生死轮回，有轮回就有痛苦。所以，我执为万恶之本，痛苦之源，有我即惑，无我即慧；有我即障，无我即觉。障即轮回生死，身遭苦海；觉则超脱生死，获得解脱。所以必须破除“我相”、“我执”。“菩萨”作为觉悟了的众生，自然已破除了“我执”。所以也就不会有“我相、人相、众生相、寿者相”。经文说此的意思就在于告诫所有善男信女，凡发愿成就无上正等正觉者都应该像菩萨那样无有“我相”。

“我相、人相、众生相、寿者相”一句在流支本只作“众生相”，真谛与义净本作“众生想”，玄奘本作“有情想、命者想、士夫想、补特伽罗想、意生想、摩纳婆想、作者想、受者想”。“命者”即享有生命寿命的主体。“士夫”指中年人。“补特伽罗”即我。“意生”指具有菩萨如意身之人。“摩纳婆”指少年人。无论玄奘的八种说法，还是众生一种说法，都是表示人的概念，与罗什译本的四相并无多大差别。

值得注意的是罗什译作“相”者，在真谛、玄奘、义净诸译本中译成“想”。“相”与“想”有一定的联系。“相”指现象的相状和性质，亦指认识中的表象和概念，即“名相”。“想”指认识直接反映的影相以及据此能形成的各种名言概念，故亦常将“名”与“想”并称，与“名相”意同。二者的区别，据王恩详居士认为，“就所缘言，名之为相，取彼相故；就能缘言，名之为想，起彼想故。”即“相”侧重于所执取之相状，而“想”则侧重于对相状之执取。从本质上讲，二者是一回事，因为佛教认为所有的“相”全是人们妄自执取的结果，所以“相”是假的，“想”是妄的。破“相”亦即除“想”。

本节在译文上还有一处区别，罗什译作“应如是降伏其心”者，流支译作“生如是心”，真谛译作“应如是发心”，玄奘译作“应当发趣如是之心”，义净译作“当生如是心”。“发心”与“生心”是一样的，意指发宏愿立大志。罗什的“降心”则是指降服妄心妄念，二者有很大差别。从这段经文的意趣来看，降心与发心都能讲通，发心即第一段讲的发宏誓愿，超度所有一切众生，降心则是第二段所说的破除关于“我”的妄心，而第二段又是和第一段密切相关的。结合本经的主要思想——破相去执，亦即消灭世俗认识，这里用降心似更合适，何况前文已有“云何降伏其心”之问。这种区别有可能源于译者的不同理解，也有可能源于所据梵本的不同。

【经文】

“复次，须菩提：菩萨于法〔1〕应无所住〔2〕行于布施〔3〕。所谓不住色〔4〕布施，不住声〔5〕、香〔6〕、味〔7〕、触〔8〕、法〔9〕布施。须菩提：菩萨应如是布施，不住于相〔10〕。

“何以故？若菩萨不住相布施〔11〕，其福德不可思量。

“须菩提：于意云何？东方〔12〕虚空可思量不？”

“不也，世尊！”

“须菩提：南西北方〔13〕、四维〔14〕上下〔15〕虚空〔16〕可思量不？”

“不也，世尊！”

“须菩提：菩萨无住相布施，福德亦复如是不可思量。

“须菩提：菩萨但应如所教住〔17〕。”

【注释】

〔1〕法：梵文意译，音译“达磨”、“达摩”。是佛教的基本观念和基本范畴。其本意是“轨持”，《成唯识论述记》卷一解释说：“‘轨’谓轨范，可生物解；‘持’谓任持，不

密宗的八大菩萨之观音菩萨 又作观世音菩萨、观自在菩萨、光世音菩萨等，从字面解释就是“观察(世间民众的)声音”的菩萨，是四大菩萨之一。

舍自性。”前者意即有一定的规范或规律，人可以认识；后者意即有自性或质的规定性。这就是说，作为法有两方面的规定，即有自身的特性和轨范并能使人理解。“法”的具体含义相当复杂，在佛教文献中最常见的有两种用法，一是指佛的教法，或称佛法，如佛、法、僧“三宝”中的“法”即是这个意思；二是指成分、事物和现象，既泛指一切事物和现象，包括物质的和精神的、存在的和不存在的、过去的和未来的，如“一切法”、“三世诸法”等，也特指某一事物和现象如“色法”、“心法”等。这里的“法”含义即属第二种。

“法”的分类很多，各派通讲的有蕴、处、界三科。小乘说一切有部把宇宙万有分为五位七十五法；《成实论》分为五位八十四法；大乘瑜伽行派则分为五位百法。所谓五位即把一切法分为五类：色法、心法、心所有法，心不相应行法和无为法。(一)色法，指有质碍或变碍之物，即物质现象，一般分为3类11种：(1)五根：眼、耳、鼻、舌、身；(2)五境：色、声、香、味、触；(3)无表色，即以身口发动之善恶二业，是生于身内之一种无形的色法，是色而不能表现于外的一种现象，如由持戒引起的一种防非止恶的精神作用，由于它是身内地、火、水、风“四大”所造，故列入色法；另如由禅定所生的种种与色、声、香、味等有关的幻想。(二)心法，也称“心王”。指精神活动的主体，如眼、耳、鼻、舌、身、意“六识”或大乘瑜伽行派的“八识”(在“六识”基础上加末那识和阿赖耶识)的识体。(三)心所有法，也称“心所”、“心数”，意即相应于“心王”而起的心理活动和精神现象。因是依心而起，系属于心，为心所有，故名“心所”。佛教讲心分为两类，一是心自身的各部分，称为“识”；二是心在发生作用过程中所引起的各种心理活动，所以有心法和心所有法的区别。(四)心不相应行法，也称“不相应行法”、“不相应法”，指既不属于“色”也不属于“心”的有生灭变化的现象，故称“心不相应”。又此法为“五蕴”中“行蕴”所摄，故名“行”。大致可分4类：一是表现运动变化的(如生、住、异、灭、老、势速、流转、无常、定异等)；二是表现现象关系的(如时、方、数、次第、相应、和合性、不和合性等)；三是表现某种特定性质的(如得、非得、命根、同分等)；四是表现语言现象的(如名身、句身、文身)。此外还有属于宗教领域的某些现象或设想。(五)无为法，指非因缘和合而成、无生灭变化的绝对存在，即无所作为，不待所为而存在的东西，道理。它们是不生不灭、无去无来、非彼非此、绝得绝失的。无为法的分类小乘各部派有别，较著名的是有部的三无为：(1)虚空无为，指无边无际、永不变易、无任何质碍而能容纳一切物质现象的空隙、空间。瑜伽行派又把虚空无为归结为真如。真如是显观空无的真理。真空寂灭、离开各种障碍，犹如虚空。(2)择灭无为，即通过智慧进行判断，选择而达到自觉的寂灭。(3)非择灭无为，即不是通过智慧的简择力而达到的寂灭。上述五位法可分为有为、无为两类，其中前四位通称“有为法”。与无为法相对，有为法指由因缘和合而成、有生灭变化的现象。“为”是造作的意思，有为法和无为法是从有无造作的角度把千差万别的宇宙诸法分为两类。另外，佛教还从解脱论的角度把有为法分为有漏法和无漏法两类。“漏”即众生从眼、耳、鼻、舌、身、意“六疮门”流漏出“不净”，造成各种业，从而不断生死轮回，遭受苦难，所以“漏”即烦恼的异名，凡具烦恼、导致流转生死的一切法，均为有漏法。离开烦恼垢染的清净法，名为无漏法，如涅槃、菩提和一切能断三界烦恼之法。

上述五位法包括现实世界的一切存在，也包括非现实世界的一切现象或设想，即既有此岸的，也有彼岸的，既有可见的，也有不可见的。这种分类反映了佛教对宇宙万有细致的观察和深入的分析，具有其独到的优势和鲜明的宗教特色。《金刚经》所说的“于法应无所住”的“法”即指这五位一切法，这是该经所要极力破除的对象，全部经文即围绕这一主题而展开。

〔2〕应无所住：应无所执著。“住”本指生、住、异、灭“有为四相”之一，意即事物形成后的相对稳定。“无住”即“不住”，指事物不会凝住于自身不变的性质，而总是处于因缘联系和生灭无常之中，所以，人的认识也不应以固定的概念当作事物固有的本质，亦即不应认其为真，视其为实，不应妄自分别，计度思量。可见无住有两层意思，其一是指事物的性质，其二是指人们对事物应持的态度。这里的“应无所住”即属其二。由于任何事物皆“念念无常、无有住时”（《大智度论》卷47），所以无住又成为事物之共性。但在佛教理论运用上，通常又作为一切现象之本源，成为“真如”、“法性”的另一种称谓。如鸠摩罗什在解释《维摩诘经·观众生品》“从无住本立一切法”时说：“法无自性，缘感而起。当其未起，莫知所寄。莫知所寄，故无所住。无所住故，则非有无。非有无而为有无之本。”此即将无住之空性作为“一切法”得以成立的保证。正因为一切法无有自性，无所住着，所以人们的观念也“应无所住”。“应无所住”的思想是大乘佛教般若理论的核心内容，也是《金刚经》所阐述的中心思想之一。

〔3〕布施：梵文音译“檀”、“檀那”。其本义指施他人以财物，后来范围扩大，凡所有的福、慧、利、善等皆为施之内容。概括地说，即以自己的财力、体力、智力去济助贫困者，满足求索者，襄助逆境者。是为他人造福成智也使自己积累功德，甚至求得解脱的一种修行方法。值得注意的是，在部分大乘经典中，布施走向了极端，变成了对一切无理勒索者也要给予满足的信条。布施的范围从衣食车马至土地居室以至奴仆婢女、家人妻子直到个人的四肢五官、骨髓头颅，无所不包，从而使布施走上歧途。《大乘义章》卷12说：“言布施者，以己财事分布与他，名之为‘布’；辍己惠人目之为‘施’。”

布施的分类很多，从所施来看有二种布施、三种布施、四种布施等。二种布施即财施和法施，分别指舍财济贫和说法度生。三种布施即在二种布施的基础上再加无畏施，即救人于厄难之中，使其不再怖畏。四种布施指：(1)笔施。(2)墨施：见人之发心书写经典以笔、墨施之，助成善缘。(3)经施：刊造经版，施于他人，令其读诵。(4)说法施，说法使人闻之而修因证果。从受施来看有五种布施：(1)施远来者。(2)施远去者。(3)施病瘦者。(4)施饥饿者。(5)施智法人。从施者的目的来看，有两种布施，一是净施：指布施时不求世间名誉福利之果报，但为资助出世之善根及证入涅槃之因，以无有尘染的清静之心而行布施。二是不净施，即以世俗的尘染之心，妄求福报而行布施。此外还有七种布施、八种布施之说。

小乘布施的目的在破除吝啬和贪心，克服自私自利，消灭我见、我所见，以树立功德免除来世的贫困，期生天上或富贵家庭。大乘则与大慈大悲的教义联系起来，用于超度众生，并作为“四摄”（菩萨为摄受众生，使生亲爱之心，皈依佛道而应做的四件事）之一，称作“布施摄”。也作为“六度”之一，称作“檀波罗蜜多”，意即“施度”、“布施度无极”。如《六度集经》第一章：“布施度无极者厥则云何？慈育人物、悲愍群邪、喜贤成度、护济众生、跨天越地、润弘河海。”其中所列之布施对象，大大超出人类的范围，遍及于飞禽走兽虫豸鱼虾。该经共有14处言及布施，每次都言到布施的福报，甚至可以获得无量的福德，反映了当时佛教对布施的重视，当然该经凡言及布施却都是作为一种陪衬，用以说明般若无相无住之理，但从另一方面来看，《金刚经》之所以以布施的功德来比喻般若功德的巨大，也说明布施及其功德果报已为人们所普遍接受。

〔4〕〔5〕〔6〕〔7〕〔8〕〔9〕色、声、香、味、触、法：统称“六尘”，亦名“六境”。是眼、耳、鼻、舌、身、意“六识”所感觉认识的六种外境。与眼、耳、鼻、舌、身、意“六根”(包括视、听、嗅、味、触五种感觉器官和思维器官)合称“十二处”，加之眼识、耳识、鼻识、舌识、身识、意识，合称“十八界”。“六境”是根据识体作用的不同而对认识对象作以分类。它们被视为像尘埃一样能污染人的情识，亦名“六尘”；因其能引人迷妄，又名“六妄”；又因其能“令善衰灭”，又名“六衰”；或因其“能劫持一切善法”，又名“六贼”。

色：与“五蕴”中的色蕴不同，色蕴泛指物质现象。这里的色专指眼根所识别的对象，范围较窄，包括三类：(1)形色，即表形的对象物，分长、短、方、圆、高、下、正、不正八种；(2)显色，即呈现出颜色的对象物，分青、黄、赤、白、云、烟、尘、雾、影、光(如日)，明(如月、星)、暗十二种；(3)表色，即表相状的对象物，分取舍、屈伸、来去、坐卧等。

声：指耳根所识别的对象，分两大类，即生物所发声和非生物所发声。

香：指鼻根所识别的对象，即鼻子可嗅到的气味，分好香、恶香、等香(有养生功效的)和不等香(没有养生功效的)四种。

味：指舌根所识别的对象，分甘、酸、咸、辛、苦、淡六种。

触：指身根所识别的对象，分地性、水性、火性、风性、滑性、涩性、重性、轻性、冷、饥、渴十一种。

法：作为“六境”之一称“法境”，作为“十二处”之一称“法处”，作为“十八界”之一则称“法界”，是意根所识别的对象，其范围最广，除上述五境之外的其他事物和现象都是意根识别的对象。

密宗的八大菩萨之弥勒菩萨　又称为慈氏、无能胜等。他出身于印度婆罗门，后得释迦牟尼佛的教化，授记为菩萨。他是一生补处的菩萨。所谓补处，是此菩萨可弥补佛陀位置的意思。

〔10〕相：事物之相状，《大乘义章》说：“诸法体状，谓之为相。”所以“相”既包括佛教所讲的一切事物、现象及各类构想的相状、形象与特征，也指人们对这一切相状与特征的观想，“相”虽属于事物却出之于人。正因为如此，《金刚经》其他译本常译作“想”。后来才进一步明确“相”为所缘之境，“想”为能缘之心。如华严宗所立十宗之一即为“相想俱绝宗”。佛教主张“无相”，认为“相”是凡夫俗子妄心分别所致。若有相则必为相所缚，即为六尘之境相所缚而心不自在。佛教对“相”有各种分类，从动态来看分“有为四相”，即有为法的四种基本特征：生、住、异、灭。《俱

舍论》卷5说："于诸法能起名生，能安名住，能衰名异，能坏名灭。"般若学认为，此四项均系虚妄分别，是错误的认识，因为一切法不生不灭，寂而无相。从静态来看，有总相与别异、同相与异相等的划分。严华宗提出"六相"说，即总相、别相、同相、异相、成相、坏相。从这六个方面说明一切现象虽各有自性，但又都可以融合无间，完全没有差别，即所谓"六相圆融"。

〔11〕不住相布施：不执著于人和事物的相状而进行布施，即上文所说的"于法应无所住行于布施"、"不住色布施，不住声、香、味、触、法布施"，亦即下文所说的"无住相布施"。具体讲即所谓"三轮体空"，即施者、受者、所施者"三轮"皆无自性，体空而幻有，所以不能执著，不能有"三轮"之妄心，即无能施之心，不见有施之物，不分别受施之人。《心地观经》中有一"布施偈"即就此而发，其曰："能施所施及施物，于三世（过去、现在、未来）中无所得。我今安住最胜心，供养一切十方佛。"佛教认为，凡夫六根不净，妄自分别于六境，并执之以快其欲，于是在布施方面也执住于布施之相，表现在顾恋身财，希求受者报恩，希求来世果报等方面。这不是大乘菩萨之布施，并无多大的功德，更不能成就无上菩提。而无住相布施之福德却是无边无际的。南朝傅大士在讲《金刚经》时曾有一颂曰："若论无相施，功德极难量。行悲济贫乏，果报不须望。凡夫情行劣，初且略称扬。欲知檀（即布施）状貌，如空遍十方。"

〔12〕〔13〕〔14〕〔15〕东方、南西北方、四维、上下：佛教的地域方位概念，合称十方，"四维"指东南、西南、西北、东北四隅。东、南、西、北加上四维共成八方，再加上、下共有十方。

〔16〕虚空：空间。本为无为法的一种，指无边无际，永不变易、无任何质碍而容纳一切色法（物质现象）的空隙、空间。《俱舍论》卷一说："虚空但以无碍为性，由无碍故，色于中住。佛教认为虚空还有三个特性，一是遍一切处；二是宽广高大，三是究竟不穷。这里以虚空的无有边际、不可度量比喻不住相布施所得福德之巨大。

〔17〕如所教住：按佛教导的那样安住其心。《金刚经》通篇讲无住思想，此处的"住"指无住而住，住无所住，即上文所说的"于法应无所住"，"不住相"、"无住相"。唐代窥基称此为"劝信"，即"劝令如佛所教行无相施，福定无边，不久当成广大果也"。（《金刚经赞述》卷上）

【译文】

如来佛接着又说："再者，须菩提：菩萨对于世间万事万物及彼岸世界的一切都应无所执著。例如，在进行布施时，应该破除诸相，去除执著，心地清净，毫无牵挂。具体讲即是不执著于眼睛可见之大小形状、不同境状、各类颜色等表面现象，也不执著于耳闻之声音、鼻嗅之气味、舌品之六味、身别之触觉及意识所感觉和认识的一切事物和现象，须菩提：菩萨应该像这样进行布施，即不住于六尘外境、物我两空、一心清净、远离相缚、超出物累，既不思惟权衡，斤斤计较，也无一毫希求之心，清净而布，息虑而施。"

佛又自问自答说："为什么这样说呢？因为凡夫俗子，执著诸相，以布施求取功德、满足所欲，所以，先施财于人而后得福于己。这种有相布施必有其尽，故而所得福德也必然有限。如果菩萨不执著于诸相，内不见我之能施，外不见我之所施和受施，布施遍满虚空，无有所障，那么他所获得的福德将是不可思议和无法估量的。”

为了说明这个问题，如来佛又话题一转，问须菩提道：“须菩提，在你看来，东方虚空的广大程度是否可以思量到呢？”

须菩提回答说：“不可思量，世尊！”

如来佛又问：“须菩提，东方虚空不可思量，那么，南方、西方、北方和东南、西南、西北、东北四隅以及上至天、下至地的虚空，其无穷无尽的深广程度，我们可以想象得到吗？”

须菩提回答说：“不可想象，世尊！”

如来佛再唤一声须菩提，并告诉他说：“菩萨不执著于诸相而进行布施的福德，其巨大与恒久的程度也像十方世界无边无际的虚空一样不可思量。”

接着如来佛便郑重其事地说道：“须菩提：初发心的菩萨就应该按照这样的教导，远尘离垢，无住而住。如此而住才是本心安住之所，才是真正的住心之法。”

【说明】

本节的中心意思是般若无住思想，其核心词是“于法应无所住”、“不住色”、“不住声、香、味、触、法”、“不住于相”、“不住相”、“无住相”、“如所教住”等。采取的手法一是正面揭示，即只提出要求，指明应该如何去做，而未阐释无住的道理，因何应无住而住。其原因在于总答须菩提“云何应住”之问，这是全经关于无住说教的首次亮相，此后便通过其他方法和渠道多方面多层次地说明这一理论。二是借助于布施之行来提出无住的思想。在大乘六度当中，布施度最容易引起人们对事物外相的执著与分别，最容易引起人们的希求之心。经文恰好借此反其道而行之，提出“菩萨于法应无所住行于布施，所谓不住色布施，不住声、香、味、触、法布施。”三是采用比喻手法说明无住的意义。经文中通过东南西北四维上下等十方虚空的不可思量比喻无住而住所得福德的不可思议。其四是启发诱导的方式，经文并未呆板枯燥地陈述“如所教住”，而是通过问答方式，层层诱导，步步深入，最终自然地得出“菩萨但应如所教住”的结论。由此我们也可以看出，《金刚经》说法方式之灵活和行文技术之高超。

无住理论是大乘般若类经典的重要学说，无住即不执著，不执著的对象不是某一人、某一物、某一事，也非某一类、某一时，而是世间万事万物及彼岸世界的一切及其他佛教所设想的境界及事类。这一切统称为“法”，所以该段经文第一句便说：“于法应无所住”。“法”的分类很多，从作为人们的识体的认识对象这一角度来看，无非是“六境”，即与眼、耳、鼻、舌、身、意相对应的色、声、香、味、触、法。这六尘包括了宇宙间的一切事物，特别是“法”所包括的范围极其广大，天上、地下、水中、空中、此岸、彼岸，应有尽有，无所不有。此六尘被佛教视为能污染人们情识的尘埃、引人入迷的妄境、劫持善法的盗贼，所以经中在“于法应无所住”之后，便进一步具体解释说其即“所谓不住色布施，不住声、香、味、触、法布施”。“六尘”虽对“法”作了进一步解释，但法自身又分为两个方面，一是法性，二是法相。般若学认为法无自性，法性本空；法相虽有，但是假有，所以性空假有、真空妙有便成为般若学中的一个重要命题。人们对法的执著实即对假有之法相的执著，法相本是幻有，是人们妄自分别的结果。认其为实有，则必为相所系缚而不能自拔，不得解脱，所以经文在“于法应无所住”，乃至“不住色”、“不住声、香、味、触、法”之后紧接着又说，菩萨如此而住，亦即“不住于相”，随之经文连续提出“不住相”、“无住相”，从而说明了无住乃是无住于法相的道理。另外无住并非不住，不住于法相，但却住于无住，无住而住才是真心之安住。梁代昭明太子将这段经文科判为“妙行无住分”是有一定道理的。

这节经文篇幅不大，但含义丰富，层次也非常分明，大致可分三层，第1层为正面揭示，即经文首段，其中又可分标示(即第1句)、指释(即第2句)、揭示(第3句)。第2层为喻释，即第2—7段，其中也可分为3个部分，即证释(第2段)、喻例(第3、4、5、6段)，喻释结论(第7段)。第3层为结论，即第8段中所说的“菩萨但应无所教住”，亦即无住而住，住于无住。

这节经文在承上启下方面的作用也是十分明显的。无住即是破除法执，即将假有之法视为实有的执著。这种执著称“法我执”。前段经文通过破我、人、众生、寿者“四相”而破除“人我执”，达到“我空”；此段通过破除“法我执”，达到“法空”。我、法二空才是大乘菩萨的觉悟，也是大乘佛教与小乘佛教在理论上的重要区别。因为小乘只讲我空而不讲法空，大乘则是既除我执，破“烦恼障”；又除法执，破“所知障”。二执皆除，二障全破，这正是《金刚经》所要阐述的般若义理。只有破除二障，才可望达到佛的觉悟，而大乘菩萨行的全部内容也正在于证得佛智，进入佛果，所以福德再大也无过于悟得如来法性之身，而且像十方虚空那样不可思议的福德也无疑在暗示着成佛解脱。但是，既然“于法应无所住”、“无住于相”，那么对于如来又如何才能得见呢，亦即怎样证成佛果之位呢？接着这一线索，下面的经文又展开了进一步的阐述。

【经文】

“须菩提：于意云何？可以身相[1]见[2]如来不？”

“不也，世尊！不可以身相得见如来。何以故？如来所说身相，即非身相。”

佛告须菩提：“凡所有相，皆是虚妄[3]。若见诸相非相[4]，即见如来。”

【注释】

〔1〕身相：身体之相状与特性，这里指释迦如来百福相、功德相及各种殊妙之相，如三十二相、八十种好等。古代印度瑜伽行派在注释此经时，将“身相”具体化为三相：(1)生相，指降生；(2)住相，指在世间八十年；(3)灭相，指在拘尸那迦双树林中入灭。这种解释后来为中印各派注释家所广泛采用。佛教认为，佛有应身与法身之区别，佛的各类身相只是应身之相，它是有形有体的肉身之相，是随机应变，幻化无常的，所以，身相也是虚妄不真的，这种身相不同于如来佛湛然寂静，无形无象之法身。

密宗的八大菩萨之虚空藏菩萨　为藏福德于虚无限境界之意，表示气福可以无限生产和分配的可能性。在胎藏界曼荼罗中，虚空藏菩萨是虚空藏院的主尊。

〔2〕见：看见，观想。古印度将各派学说体系称为“见”，即对事物的见解，意同思想、观点、主张、主义等，如四见(外道的四种主张)、六十二见(外道的六十二种见解)。佛教的“见”含义较多《大毗婆娑论》卷95说“见”有四义：观视(观察境界)、决度(形成判断)、坚执(固执己见)、深入(深化认识)。从“见”的程度来分又有正见、邪见、恶见等。泛用时则专指佛教认为错误的见解与观想。如有见、无见及“五见”、“七见”、“十见”等。这里的“见”不是指学说与主张，而是指主观对外境的认识，亦即佛教所讲的分别与执著，与《大毗婆娑论》卷95中所说“见”的四种含义相当。从性质上看，这里的“见”也被佛教视为一种错误的见解，即所谓“妄见”、“邪见”。

〔3〕虚妄：不真实。虚即不实，妄即不真。大乘般若学通过否定一切的真实性而寻求一种超时空、绝形虑的实体，即所谓“实相”或“真如”。所以“虚”并非单纯的虚无，而是指与“实相”不一；“妄”也并非指简单的错谬，而是与“真如”相异。这里的“虚妄”意即如来佛的各种身相并非恒常寂静、万德圆满之真如法身。

〔4〕非相：“非”为否定词，意即“无”。“相”指现象的相状和性质，亦即认识中的表象和概念。“非相”即“无相”，“无相”即“实相”，“实相”即摆脱世俗之“有相”认识所获得的常住不变的真实相状，亦即法性真如，这里指佛的法身。据《大乘义章》卷18说，“法身”有两种含义：“一、显法本性以成其身”，“二、以一切诸功德法而成身”。即由于体现诸法之本性而成佛，从而以此“法性”为法身；也由于修得佛教一切功德和教法才能成佛，从而以此“功德法”为法身。僧肇在《维摩诘经注·方便品》注中说：“法身者，虚空身也，无生而无不生，无形而无不形。”吉藏在《胜鬘经宝窟》卷下所说；“法身者。即是实相真如也。”所以说，“非相”，即“法身”，“法身”即涅槃督。正如《涅槃经》卷30所说的“涅槃名无相”。《金刚经》后方所说的“离一切诸相则名诸佛”也即这个意思。

【译文】

即不著人我相，也不著诸法相，那么由此而证悟的解脱状态即成佛又是怎么回事呢？佛的各种殊妙之身、庄严之相又应如何对待呢？为了进一步说明无住而住的道理，排除须菩提及座下众弟子心中的疑惑，佛便又叫了一声须菩提，开口问道：

"须菩提：在你看来，能否借助于如来佛的各类身体相貌而认识到如来佛的真实本性呢？亦即能否说各类肉身之相状本身就是如来佛的法身呢？"

须菩提号称"解空第一"，自然理解如来佛设此一问的用意，于是回答说："不能，世尊！不能以如来佛的各种身相来识别如来佛。为什么呢？因为如来佛所说的各种身体相貌本身并非真实而永恒的东西，所以不能代表如来佛那湛然寂静、永绝体相的清净法身。"

听到须菩提这样回答，如来佛自然十分高兴，他又告诉须菩提说："所有一切外在的形象、状貌、特征等都是虚妄不真的。如果认识到纷繁多样的相状都只不过是非实假有的外相，并能透过这种外相而体悟到背后的实相，认识如来佛的真如法身，那才可说是见到了如来佛，也可说是证成了佛身。"

【说明】

前两节经文分别破除人我相和诸法相，这是大乘般若学性空理论的两个最基本的内容，也是发心行大乘菩萨道，求趣佛果者所应达到的起码标准。破除此二执著，也就排除了一切名言概念、观想思维的束缚，摆脱了外境及诸法之相对心的污染。但是般若学的破相除执并非简单的解粘去缚，而是与众生的成佛解脱，即所谓"波罗蜜"紧密地联系在一起的。既然一切都是假有的，不应该认其为真而执著分别，那么佛的功德庄严、殊妙身相，佛的降生、住世、去世等又应如何解释呢？人们希求证成佛身，而佛身又是什么呢？这节经文即是针对这些疑问而发的。

本节的中心内容是阐释：即使如来佛本身，他的身体面貌、功德庄严等一切外在之相，也都是虚妄不实的假象。世俗人们所认识分别的各种特性及心存的各种观想，都只不过是一种虚妄不真的邪见，只有排除这些虚妄的外相，破除此类谬误的认识，才能透过现象而看到本质，即体悟到万法之实相，就如来佛而言，即悟得超言绝象、湛然清净的真如法身。悟得此实相正是般若波罗蜜之法的本质所在，也是成佛解脱的基本标志。般若学特别强调"悟"，由此段经文即可以得出"悟"的基本标志，即经中所说的"凡所有相皆是虚妄，若见诸相非相则见如来"。悟此则转痴为智，超凡入圣，亦即由生死苦海度到解脱彼岸。

要正确理解"不可以身相见如来"、"若见诸相非相则见如来"的这种般若义理，还须说明大乘佛教关于佛身的理论。这种理论认为，佛有三身，通常的说法是法身、报身、应身。据《大乘义章》卷19说："法者，所谓无始法性"，"法性"即现象的本质、本体，即湛然空寂之实相。针对人来讲，则指人们先天具有的真心和本觉，也称"如来藏"，意即藏有本来清净的佛性。"后息妄想，彼法显了，便为佛体。显法成身，名为法身。"也就是说，息灭妄想，破除假相而显示出来的性自空寂、神秘难测的本体即是佛的法身。正如僧肇所说的"法身者，虚空身也。无生而无不生，无形而无不形。超三界之表，绝有心之境。阴入（即五蕴十二入——

笔者)所不能摄，称赞所不能及。寒暑不能为其患，生死无以化其体。故其为物也，微妙无象不可为有，备应万形不可为无，弥纶八极不可为小，细入无间不可为大。故能入生出死，通洞乎无穷之化，变现殊方，应无端之求”。(《维摩诘经注·方便品》)这种法身实即不生不灭、无形无象、非有非无、无大无小、超出三界(佛教的此岸世界)、绝于视听、无时不有、无处不有、可随机应变的万能的神。悟到这种本体，从而与此法身合一即可达到佛的境地，由此证得的佛果之身即是报身佛。大乘佛教所追求的成佛即指成就此身。应身佛即如来随众生之机而应化呈现之身。释迦牟尼佛的降生、出家、成道、住世说法、涅槃等“生”、“住”、“灭”三相，如来佛超出凡夫的“三十二相”、“八十种好”等各种庄严之相以及佛在世时的生、老、病、痛等肉身之相皆是佛的应身之象。应身是法身的变现，是非实而假设的；法身是应身的实体，是非妄而无相的。《金刚经》中所说的“不可以身相得见如来”即是指不可以将应身佛视同法身佛；“若见诸相非相则见如来”指如果透过应身佛的各种身相而体悟到法身佛的超言绝象、不生不灭和无尽神通，那就算是真正认识到了如来佛，因此，他就可以证成佛身，即所谓报身佛，亦即下文说的“离一切诸相，即名诸佛”。《华严经》上讲的“一切法不生，一切法不灭，若能如此观，诸佛常现前”，也正是这个意思。古印度无著曾针对此意作颂曰：“分别有为体，防彼成就得。三相异体故，离彼是如来。”(《大正藏》卷25)“有为体”即是应身；“成就得”即指“以身相见如来”；三相即如来应身的生、住、灭相；“异体”即不同于真如法身；“离彼是如来”即离诸相可“见”真实的法身如来。南朝梁代傅大士释此时亦有一颂，曰：“如来举身相，为顺世间情。恐人生断见，权且立虚名。假言三十二，八十也虚声。有身非觉体，无相乃真形。”即是说如来以身相出现是为了顺应世人常情。为防世人的“断灭”之见而权且立一虚名，所以佛的“三十二相”、“八十种好”等皆是假相。有为的肉体绝不是真性之觉体，无相之实相才是无形之真形。

其中还有一句更值得注意，即：“凡所有相，皆是虚妄”。其字面意思为：凡是有相的都是虚妄的，因为真实的相即“实相”是无相的。这句话具有很深的哲理，“相”作为具体事物的现象和抽象事物的特性，它的获得是人们通过自己的感官与外界的接触或对抽象事物的观想而获得的。由于人的认识器官和认识本身必然存在着许多的缺陷和不足，而外界事物又是不断变化的、普遍联系和非常复杂的，所以，人们的认识绝不可能全面地彻底地反映事物，何况人的认识又无时不在受着人们自身的各种欲望、烦恼、愚痴的影响，这种认识永远也无法穷尽宇宙中的一切，尤其是精神世界的东西更是难以认识的。从这个意义上说，人的认识与外界是对立的，不统一的，所以人们头脑中关于事物现象和特性的认识也是虚妄的。当然佛教也没有将此二者绝对对立起来，它还承认假相的作用，并在这一前提下建立起方便善巧的理论，从而维护了全部学说体系，尤其是大乘菩萨行的合理性和理论构架的完整性。这也正是《金刚经》一方面否定一切的真实性，一方面又讲普度众生、布施忍辱、持诵经典、积功累德、供养承事等的原因所在。

总之，本节经文句促词简而意境深邃。“凡所有相，皆是虚妄。若见诸相非相，即见如来”等精练的词句成为阐释大乘佛教般若思想的极好说教，也成为千百年来佛家所津津乐道的妙语警句。

【经文】

须菩提白佛言：“世尊：颇〔1〕有众生得闻〔2〕如是言说章句〔3〕，生实信〔4〕不？”

佛告须菩提：“莫作是说。如来灭〔5〕后，后五百岁〔6〕，有持戒修福〔7〕者，于此章句能生信心，以此为实。当知是人，不于一佛，二佛，三、四、五佛而种善根〔8〕，已于无量千万佛所〔9〕种诸善根。闻是章句，乃至一念〔10〕生净信者。须菩提：如来悉知悉见，是诸众生得如是〔11〕无量福德。

“何以故？是诸众生无复我相、人相、众生相、寿者相；无法相；亦无非法相〔12〕。何以故？是诸众生若心取相，即为著我、人、众生、寿者；若取法相，即著我、人、众生、寿者；何以故？若取非法相，即著我、人、众生、寿者。是故，不应取法，不应取非法。以是义故，如来常说，汝等比丘知我说法，如筏喻〔13〕者。法尚应舍，何况非法〔14〕！”

【注释】

〔1〕颇：表示程度、数量、规模的大小，即“很”、“相当”。“颇有众生”即有相当一部分众生。

〔2〕得闻：即闻得、听到、知悉之后。

〔3〕如是言说章句：指前面阐述发心度生，破除我、法二执的经文。“言说”，即如来佛与须菩提的所言所语。“章句”，不是指具体的一章一句，泛指经文。这是鸠摩罗什借助中国人当时治经解释多称章句的习惯而对此段经文的一种译法。

密宗的八大菩萨之金刚手菩萨　即是金刚萨埵又称秘密主，象征“坚固不坏之菩提心”与“烦恼即菩提之妙理”。

〔4〕生实信：产生坚实牢固、完整准确的信仰。亦即下文所说的“于此章句能生信心，以此为实”、“闻是章句乃至一念生净信”。所以“实信”至少有两层意思，一是坚实而真诚的信心，一是正确而纯净的信仰。《华严经》上说：“信为道源功德母，长养一切诸善法。”《大智度论》中也说：“佛法大海，信为能入。”可见“实

信”在佛法中的重要地位。现代佛教依然将“具足正信”作为佛教徒最基本的前提条件之一。

〔5〕灭：共有三义：其一作为生、住、异、灭“四有为相”之一，指事物的坏灭、消亡；其二作为苦、集、灭、道四谛之一，为灭谛的简称，指涅槃境界；其三指证入涅槃，也称“入灭”、“示寂”、逝世。这里系第三种含义。根据前面所说“不可以身相得见如来”的教义，这里的“灭”自然不是真实如来即法身佛的灭，因为法身是不生不灭的，而是指虚假的如来即应身佛的入灭，因为应身佛是法身的变现，是有相而无常的。

〔6〕后五百岁：佛教关于佛法行世阶段与时限的一种观点。历来有四种不同说法：其一指释迦如来入灭后的500年。按照学术界公认的释迦逝世年代即公元前485年，则释迦灭“后五百岁”相当于公元15年至115年。其二认为释迦如来灭后一千年中，有个前500年和后500年。此后500年即当公元15年至515年。其三以释迦如来灭后第1个500年（前485年—15年）为前，第2个500年（公元15—515年）为中，第3个500年（公元515—1015年）为后，按照这个说法，“后五百岁”即当释迦逝后第3个500年，即公元515至1015年。其四认为指释迦如来灭后第5个500年（约当公元1515—2015年）。

以上四种说法与佛教行世阶段说是相关的。佛教认为释迦如来逝世后，佛法日益衰微，共分正法、像法、末法三个时期。关于这三个时期却有各种说法。通行唐代窥基《大乘法苑义林章》卷6的说法。“正法”即所谓正确无误的佛法，包括教说、修行、证悟三个方面；“像法”即与正法相似的佛法，具备教说和修行两个方面；“末法”即佛法将灭之时，此时只有教说而没有修行，也没有证悟。

关于三法时代的具体年限说法也不尽一致。《安乐集》卷下等认为正法五百年，像法一千年，末法一万年。据此，上述四种“后五百岁”观点中的第一种则是正法刚灭，像法初起之时。第二种是像法的前半时期。第三种是像法的后半时期。第四种是末法一万年中的第二个五百年。但按照《释净土群凝论》卷3引《大悲经》则认为正法、像法各一千年，末法一万年。所以，上述“后五百岁”的观点中第一种恰值正法之中期，第二种为正法之后期，第三种为像法之前期，第四种为末法之初期。

笔者认为，《金刚经》产生时代，正、像、末三法阶段的说法尚未明确，而且此后也长期没有取得一致性认识，所以把《金刚经》中的“后五百岁”之说与三法时代联系起来是不符合历史事实的。在上述四种观点中，笔者倾向第一种说法。“后五百岁”实际上是结经者自己假如来之预言，从而说明该经在当时产生的合法性和权威性。

另外，关于三法时代年限的第一种说法与佛教发展史十分接近，正法五百年（前485—公元15年）相当于小乘佛教，是释迦牟尼佛的基本教法；像法一千年（15—1015年）相当于大乘佛教的兴起、传播、兴盛时期；末法一万年，即是从11世纪开始之佛教衰落时期。公元1世纪是教内外学者公认的大乘佛教兴起时代，11世纪不论是在印度还是在中国也正好是佛教走向衰落的开始。这种惊人的一致性反映了佛家的超群智慧和卓越的预见能力。

〔7〕持戒修福：“持戒”即受持戒律，依戒而行。“修福”指为积福而修行，即所谓积福行善，包括一切修行和善事。“持戒”分“止持戒”和“作持戒”两种。止持戒即止非防恶诸戒，教人“诸恶莫作”，如五戒、八戒、十戒、具足戒等。五戒指在家男女信徒终身应遵守的五条戒律，即（1）不杀生；（2）不偷盗；（3）不邪淫；（4）不妄语；（5）不饮酒。此

五戒中前三防身，第四防口，第五通防身口。这五条为根本大戒。八戒全称“八关斋戒”也是在家男女教徒的戒条，把《中阿含经》卷55、《俱舍论》卷14等，即在五戒基础上再加三戒：(1)不睡不坐高广华丽的大床；(2)不装饰打扮，不观听歌舞；(3)不食非时食，即一日中过午之后不再吃饭。十戒指7岁以上20岁以下的出家男子(称为“沙弥”)和出家女子(称为“沙弥尼”)奉行的十条戒规。据《俱舍论》卷14、《沙弥十戒法并威仪》、《沙弥尼戒经》等载，十戒中前五戒与五戒基本相同，但第三戒不邪淫改作“不淫”，意即禁绝男女之事乃至嫁娶婚配。后五戒与八戒多有重复，为(1)不涂饰香鬘；(2)不听视歌舞；(3)不坐高广大床；(4)不非时食；(5)不蓄金银财宝。具足戒别称“大戒”，是比丘、比丘尼奉行的戒条，该戒对出家僧人的宗教活动和日常生活的各种细节都作了详细而严格的规定。因与沙弥、沙弥尼的十戒相比，戒品具足，故名。此戒条数说法不一，通常采用《四分律》所说比丘戒250条，比丘尼戒348条。

大乘佛教还提出“十重戒”和“四十八轻戒”。十重戒亦称“十重禁戒”、“十无尽戒”、“十不可悔戒”。据《梵网经》，这十重戒是：(1)杀戒；(2)盗戒；(3)淫戒；(4)妄语戒；(5)酤酒(卖酒)戒；(6)说四众(比丘、比丘尼和男女居士)过戒；(7)自赞毁他戒；(8)悭惜加毁戒，即吝啬施财施法，并加以诽谤诋毁的戒；(9)瞋心不受悔戒，即对于仇恨和损害他人以及不受对方忏悔的戒；(10)谤三宝(佛、法、僧)戒。违反这十条戒的构成“破门罪”，要被驱逐出僧团，所以是重戒。与此相对的是四十八轻戒，其内容包括不敬师友戒、不拘礼仪戒、饮酒戒、食肉戒、与异性对坐戒等。犯此种戒需按戒律规定进行忏悔。

以上为“止持戒”。“作持戒”即教人“从善奉行”的戒。如《四分律》中的“二十犍度”，包括受戒、说戒、安居、自恣及僧团生活的其他方面内容。大乘佛教还提出“三聚净戒”，除第一“摄律仪戒”为止持戒外，第二摄善法戒即指修行善法，积累福德；第三摄众生戒指教化济度众生，此二种清净戒皆属于“作持戒”。

〔8〕善根：“善”泛指与“善”心相应的一切思想和行为；凡符合佛教教理的皆为“善”，故其可包摄六度万行。《大乘义章》卷7说：“顺名为善，违名为恶。”“须”即随须佛教之理；“违”即违背佛教之理。“根”意即“能生”，指具有促进增生作用的根本。“善根”即身、口、意三业之“善”固不可拔，根深蒂固；同时“善”能生妙果，生余善，故名。善与恶相对，其具体标准，经论诸师说法不一。常见的有十善：其中属于身业的有三：不杀生、不偷盗、不邪淫(即不与非配偶行欲)；属于口业的有四：不妄词(亦称虚诳语)、不两舌(亦称离间语)、不恶语(亦称粗恶语)、不绮语(亦称杂秽语)；属于意业的有三：不贪欲、不瞋恚(仇恨和损害他人的心理)、不邪见。一般将善根分作三类，即：不贪、不恚、不痴。如《十住毗婆娑论》卷一说：“善根者，不贪、不恚、不痴，一切善法从此三生。”另据传为慧能所著的《金刚经解义》中说“所谓于诸佛所一心供养，随顺教法，于诸菩萨、善知识、师僧、父母、耆年宿德、尊长之处常行恭敬供养，承顺教命，不违其意，是名种诸善根；于一切贫苦众生起慈悯心，不生轻厌，有所需求，随力惠施，是名种诸善根；于一切恶类自行和柔忍辱，欢喜逢迎，不逆其意，令彼发欢喜心，息刚戾心，是名种诸善根；于六道众生不加杀害，不欺不贱、不毁不辱、不骑不箠不食其肉、常行饶益，中名种诸善根”。这是对“三善根”的时一步的发挥。还有人认为所谓“善根”即指前文所说的持戒、修福、智慧(罗什译本此处无智慧，但其他译本均有)。这也能讲通，因为“善根”的范围几乎包括了所有的修行内容。

〔9〕佛所：佛所在之处，即佛土、佛刹、佛国、佛世界。小乘佛教主张一佛说，故“佛所”即释迦牟尼佛所在之处，佛教称“娑婆世界”。大乘佛教主张多佛说，认为过去、现在、未来三世及东西南北四维上下十方之内有无数的佛，一佛一世界，故而有无数个佛世界，本经此处即说到“无量千万佛所”。

〔10〕一念：刹那一念之间，一个念头闪过之后，意即极为迅速，非常短暂。“一念生净信”即一念之间产生了纯净的信心，亦即顿悟。这种顿悟称为“一念见谛”，与此相反的渐悟则称“次第见谛”。

〔11〕如是：指上文所说的像十方虚空那样不可思量的程度。

〔12〕非法相：因否定“法”而起的“相”，即对“法”的否定之“相”，亦即对否定一切法有之后的无、空的执著。“法”从哲学意义上来说，包括此岸世界及彼岸世界的一切事物、一切现象和一切构想。无论有形无形，具体还是抽象，凡是有名可称即可以名言概念表示的都是“法”。这些法是佛教为建立其宗教解脱理论而归纳、整理和构想出来的，所以从宗教意义上来讲都是佛法。“非法”即非此一切，指超出此类范围之外的概念。“法相”即这一切事物、现象和构想的外相、特性以及人们对其的执著分别。“非法相”即否定这一切外相和特性并消除人们对外相与特性的执著之后而获得的不属于“法”的范围，并与“法”对立的相状和特性，是人们对这种否定结果的执著，即对否定一切法的有之后的“空”执著。亦即后来般若学常说的“空相”，被视为与“我相”、“法相”并列的又一妄相。具体含义有三：

一是对否定的执著，心存否定之后的相状与特性，即所谓“空相”。所以“无非法相”即是否定之否定，并如此不断循环，层层否定，步步破除，防却“空病”，了无“空相”。如专弘般若学的中国三论宗的创始人吉藏在《金刚经义疏》卷三中说：“初不见我为众生空，次不见法为法空，不见非法名空病亦空。”他把“法相”称为“有见”，把“非法相”称为“无见”。

二是因执著空相，视诸法为“断灭”，从而陷于“恶取空”，即不但否定了诸法的真实性，还否定了诸法外相背后的真如实相的意义。如吉藏说：“言非法相者，阴、界、入(合称“三科”，是佛教对宇宙万有的一种分类——笔者)等法不可得，故言无法相。……言非无法相者，或者闻阴、入、界虚诳故空，便谓诸法实相亦空。”唐代的窥基大师在《金刚经赞述》卷上中也说：“亦无非法相者，谓愚者妄情，拨圆成(即圆成实性，指否定我相、法相之后所得的真如实性——笔者)而是无，名非法相，空无有体故，智者了此圆成是有，故无非法相，无其所执为空相故。”以般若理论来看，只有抛弃断灭，承认真如实相，才能无住而住，如本经前边说的，“若见诸相非相，即见如来”。

三是因持“断灭”之见而绝对否定假有的意义。般若学讲法空，破法相，只是否定事物与现象的真实性、恒久性，认为一切都是因缘和合的假相或名言假设的幻相，所以不能执著，即所谓“无住”，但并不是说连虚妄的幻相都不存在，并不否定假有的价值和意义，即此经下文所说的“于法不说断灭相”，如此才能无住而行，无为而无所不为。上文中所说的“应无所住行于布施”，“如是灭度无量无数无边众生，实无众生得灭度者”等正是以此性空而无住、假有而起行的理论为指导的。

从古到今，教内外学者们对“非法相”还有许多其他的解释，有的认为指佛法非真，有的认为指外道之法，有的认为善为法恶为非法，有的认为以空为法以有为非法。如此诸说，多与经意不通。

〔13〕筏喻：佛说法的一种譬喻方式。佛教的法包括佛教所阐述的此岸、彼岸一切事物现象、构想、概念及佛教义理等，这一切也都是前述“法”的内容，所以，从解脱理论体系来说“法”也即佛法，从哲学理论体系来说，“法”则是所有物质的、精神的、有形的、无形的、真实的、缥渺的等一切事物现象和概念。筏喻即将这些教法譬作筏，其作用只在于渡水，渡过之后应当舍筏，未渡及正渡之时则不能视其为无，作“断灭”之相。所以，一切所说之法皆是筏喻之法，既不可执著，也不可断灭。

密宗的八大菩萨之普贤菩萨　是骑白象行愿的菩萨。掌管诸佛的理德、定德、行德。一般把普贤菩萨视为祈求延命的本尊。

〔14〕法尚应舍，何况非法：这是一句十分费解的经文，千百年来注释家们众说纷纭。此句的关键是“非法”一词。这里的“非法”与本段经文前两处提到的“非法”含义是一样的，即指对法的否定和断灭。所以全句的意思是：一切事物、现象、构想、概念及佛法教理等都应该视其为假而决然舍弃，不去执著，何况由此否定、舍弃而带来的否定与虚无之相。即既然弃有为无，就不能执著于无而使无又成为一种“有”。举个通俗的例子来说，东西尚且可以弃而无有，还要无有东西这种想法干什么？照经中的筏喻故事来说，即渡水之后再执筏不舍则必为之束缚，故应毫不犹豫地将它舍弃，以便轻装上路。光舍弃还不够，还不能心存筏已舍弃、现已无筏的想法。若有此相法即为著“空相”，著相则必为相所缚，从而不得悟真如实相，不能最终解脱。

【译文】

听罢这些无相度生、无住行施、离相见佛的说教之后，须菩提领悟到了非实假有的微妙法义。但因为此种义理甚深难解，须菩提遂疑众生能否皈信。于是须菩提便向如来佛问道：

“世尊：您大慈大悲，说此希有之法，座下诸比丘无不尊奉。若是我佛涅槃之后，大量其他众生在听闻您刚才所说的这些经句之后，能否产生坚实而真诚的信心，具备正确而纯净的信仰呢？”

如来佛听须菩提这么一问，便立即答道：“性体常明，心灯不灭。须菩提，你可不能有这种顾虑。在我入灭后五百年，会有一批受持戒律而诸恶不做，修福积德而众善奉行的人，对于我的这些言说章句产生信受之心，并以此为真实无误的教诲，从而持诵不疑、心领神会。应当知道，这些产生净信之心的众生，不只是在一佛、二佛甚至三佛、四佛、五佛的世界中种下了众善的根柢，而且已经在无数无量、成千上万的佛世界中种下了各种各样的善根。由于他们见的佛多、听的法多、修的行多，他们深知此经为最上乘之佛法，所以在听闻这些章句之后，他们便会在一念之间产生纯净的信心。须菩提，如来以佛智悉知，以佛眼悉见这些众生，并相信他们都会得到像十方虚空那样不可估量的福报和功德。”

如来佛进一步解释说：“这些众生之所以会获得如此的福德果报，是因为他们闻佛妙法而信受不疑，了知非相无住的般若玄义，从而不再有自我的相状、他人的相状、众生的相状、寿命的相状，而且没有法相即世间、出世间的一切事物、现象和境界的相状、特性和概念，也没有非法相即否定诸法的断灭之相。诸相尽捐，才是净信，只有无相，福德才可无量。这便是此类众生获得无量福德的真正原因。为什么呢？因为这些众生心中有了相状，就必须是执著于自我的相状、他人的相状、众生的相状、寿命的相状。分开来说即是，如果这些众生心中有了法相，他们就会执著于自我的相状、他人的相状、众生的相状、寿命的相状；如果心中有非法相，那也会执著于自我的相状、他人的相状、众生的相状、寿者的相状。如此心存诸相，既有我执，又有法执；既为烦恼障，也为所知障，二执炽然，二障巨烈，凡界尚不能脱，如何才能获无量福德呢？所以说，不应该执著于包括佛法在内的一切事物、现象、境界、特性和概念，也不应执著于对这一切的否定，即非此一切的概念。正是出于这样的原因，如来才经常告诫你们这些比丘，希望能明白我所说的一切名言概念，包括各类事物、现象、境界、特性、概念等都像乘筏渡水、渡罢舍筏一样，仅是权宜之计、方便之用，绝不可心怀观想，去计较，去费心思。这一切事物、现象、境界、特性、概念包括佛法教理等尚且应视其为假而决然舍弃，何况由此否定、舍弃而带来的否定与虚无之相，就更应该舍弃了。”

【说明】

本节经文紧随上文意脉，以净信为主线，一方面充分肯定上文所说义理的可信性，从而标明其真实不虚和无上价值，并借此提出受持此经，证悟此理的前提、方式、标准等；另一方面在上文通过度生而破除我相，通过布施而破除法相以及离一切相而见如来法身的基础上，又提出破除“非法相”，从而更完整地表达了般若学性空假有、既不著有也不著空的中道之理。

此经产生于大乘佛教的初期，那时作为大乘佛教理论先导的般若经典刚刚出现。这种不同于小乘经典的全新经类，在当时被传统佛教视为异端而极为排斥，佛典上讲的“大乘非佛说”即指这一史实。《金刚经》的处境也是一样，正如经中所言：“乐小法者”“于此经不能听受读诵为人解说”，还说“我从昔来所得慧眼未曾得闻如是之法”，所以当时出现了“受持读诵此经”“为人轻贱”的现象。也正因为如此，经中又说：“若有人闻此经典，不惊、不怖、不畏，是人则为第一希有。”在这种艰难的情况下，为了寻求知音，《金刚经》便通过各种方式，充分肯定其理论的真实不虚，并辅以受持、读诵、书写、广为人说的无量福德和无边果报。这类内容占去了全经的三分之一以上的篇幅，成为《金刚经》的主要特色之一。有人认为《金刚经》分为两大主题，其一阐述无住的哲学理论，其二则反复强调该经的无上价值和无边功德。

本节中须菩提所问的能否有人生信，正表明了在当时情况下结经者的担心，而如来佛的全力肯定和无量福报的说明又表达了结经者对其理论的绝对自信和发展信徒的迫切愿望。

在回答须菩提是否有人相信这一疑问时，如来佛还阐述了净信的基本前提，即经中所说的“持戒修福”和“于无量千万佛所种诸善根”。“持戒”即受持戒律，“修福”即积福修行。二者合起来也就是佛家常说的“诸恶莫做，众善奉行”。所以，“持戒修福”的范围极为广泛，几乎包容了佛教所有的修行内容。但要特别强调的是，大乘的戒与小乘的戒是有所区别的（见注释〔7〕），尤其是修福的标准更有不同。按照《金刚经》的看法，小乘的一切修福活动固然有福报可得，但与受持、读诵大乘般若经典、悟解无住义理并以此为指导，大慈大悲普度众生、无住相布施等修福活动所得的福报相比，后者则大前者无量千万倍。可见《金刚经》所说的修福，主要还是指发心行大乘菩萨道、追求无上菩提、信奉般若无相无住义理并以此为指导而从事的修行。这样便把大小乘信仰者区别了开来，只有那些“发阿耨多罗三藐三菩提心”的人，才能于此经句产生净信，而那些“乐小法者”却是“不能听受读诵，为人解说”的。除了“持戒修福”之外，要能于此经产生净信，还必须“于无量千万佛所种诸善根”。“善根”即“众善之根”、“万德之本”。大乘的“善根”即是能生“阿耨多罗三藐三菩提心”的根柢。这种根柢不是几个佛面前就能种植得下的，而是要在成千上万的佛世界中广行善事，于无数佛前供养承事、烧香散花、称名扬德、恭敬亲近、闻法悟理、持戒修福。如此种下的善根，才能生出无上智慧，才能于此经典产生实信。

这些持戒修福、广种善根的人是以什么方式悟理生信的呢？经中说：“闻是章句乃至一念生净信者”。即经过累世的修行，在无量无数的佛前种值善根之后，这些众生就可“闻是章句”而“一念生净信”。一念净信是与小乘佛教有部、犊子部、经部所持的“次第见谛”相对立的一种顿悟观。佛教对于悟道的方式历来有顿、渐两种不同的观点。就是在部派佛教时期，与有部、犊子部、经部的渐悟观相对，上座部、说假部、法藏部、大众部等便持“一念见谛”的顿悟观，如上座部讲“一时见四谛”，大众部讲“一刹那现观边智”。《金刚经》继承了这种观点，认为获得般若无上之智，体悟般若无相之理，均在一念之间实现，“悟则菩提，迷则众生”，仅是一念之间的差别。当然这种顿悟又是建立在长期的持戒修福、广种善根的基础之上的。

那么“悟”与“迷”又是如何作为标准的呢？关键在一“净”字。“净”即没有任何疑虑、没有任何尘埃，纯正无染，明澈清净。这种“净”在《金刚经》中就是摆脱一切事物的束缚和一切尘世的污染、消灭一切世俗的欲望和认识，也就是“离一切相”。经中说，这些“一念生净信者”之所以可得无量福德正是因为他们的信是“净”的，而“净”则是指“是诸众生无复我相、人相、众生相、寿者相；无法相，亦无非法相”，即破除了我相、法相、断灭相，达到我空、法空、空空。可见“净信”就是不但要做到小乘的“我空”，还要做到大乘的“法空”；不但要破除我、法二执，还要破除空执，从而达到非实非虚、非此非彼的中道实相。佛教认为这才是“无明”(愚痴)的消失和无上智慧的获得，才是一尘不染、空洞明澈的“净信”。

宋代道川禅师曾依此段义理作颂数句，其一曰：“法相非法相，开拳复成掌。浮云散碧空，万里天一样。”即是说除法相而又著非法相，犹如开拳复成掌一样，仍然有著相之嫌。只有像浮云消散于万里碧空那样，不留一丝一毫之相，才可谓洞明澈净。其二曰：“得树攀枝未足奇，悬崖撒手丈夫儿。水寒夜冷鱼难觅，留得空船载月归。”“得树攀枝”指若执取法相、非法相则必著我相，这是不足为奇的。重要的是须将此一切当机断除，犹如“悬崖撒手”一样，那才算是真正的大丈夫。后两句比喻获得净信之后的意趣：在明月当空的寒夜，在万籁俱寂的湖面上，一只垂钓的小船静静地漂荡。由于水寒夜冷，鱼儿一个也未钓上，只留下那只空荡的小船载着月光悠悠返回。船空而不空，因为还载着月光；有而不实，因为月光只是幻影。既不著有，也不著空，心地绝净，一丝不挂，犹如月夜的水面寂静而明澈。

在阐述净信的标准时，经文又对“我执”、“法执”、“空执”三者之间的关系作了进一步的说明。经曰：“是诸众生若心取相，即为著我、人、众生、寿者。若取法相，即著我、人、众生、寿者。何以故？若取非法相，即著我、人、众生、寿者。是故，不应取法，不应取非法。”这段经文十分重要。它所表达的意思就是“我执”、“法执”、“非法执”三执齐破。我们知道大小乘佛教的主要区别即在于对法的空与有的不同看法上。小乘主张“我空”而“法有”，大乘则主张我法俱空，二边无执，甚至空亦不执。而且认为，只有承认法空、空空、去掉对法与非法的执著，才能最终彻底地破除“我执”，巩固“我空”的信念。所以，他们认为小乘不承认“法空”的“我空”是极不彻底的，因为对法与非法的执著会变成对“我”的执著，即经中所说的“若取法相，即著我、人、众生、寿者”、“若取非法相，即著我、人、众生、寿者”。为什么呢？吉藏法师说：“计法之人非但起于法见，计法之人还起我见，以法是我因缘故也。成实论云，灰炭不尽，树想还生。”外道与小乘认为取法非病而著我为病，“今明不然，但使生心动念，则过同我人。”关于著非法相与著我的关系，法师说：“计有非法，必起法见。若有法见，则有我见。又若无有我则无所计。以有所计，故知有我。所以著于非法，亦复有我。”吉藏法师的论述具有极强的逻辑性，道出了法执与我执之间的必然联系。举个通俗的例子来说，朋友二人要无你我之见，于所属之物则必须亦无彼此之别；若与物有彼此之别，与人则必有你我之分。所以说，执法即执我，法空我才空。要破除我执，还必须从破法执

密宗的八大菩萨之文殊菩萨　又称文殊师利童真、孺童文殊菩萨。为我国佛教四大菩萨(观音菩萨、文殊菩萨、地藏菩萨、普贤菩萨)之一。

开始。将这个理论引申一步，即是人与人之间差别的消失，必须取决于包括物质的、精神的各类因素的差别的消失。

“我执”为万恶之本，这是大小乘佛教的共同看法。佛教是从分析人生入手而建立其理论体系的，这个理论体系的中心也是围绕如何解脱人生而展开的，所以佛教特别重视对人的分析，“人我空”因此而成为佛教的支柱性理论，一切修持都应以此为指导，所以在一定程度上，“人我”的空与有甚至可以当作判断是非的标准。本处经文随顺了这一传统认识，指出正是因为“是诸众生若心取相”、“若取法相”、“若取非法相”皆成“即著我、人、众生、寿者”（即“人我执”），“是故，不应取法，不应取非法”。这段经文与逻辑学上的三段论式是一致的，它的大前提是“我”为万恶之本，故不应取。这是佛家各派公认的，所以此处未出现。小前提是取相即著我。此中又套一三段论式，即大前提：取相即著我；小前提：取法相、取非法相皆是取相；结论：取法相即著我，取非法相亦复著我。整个的结论是：“不应取法，不应取非法”。

还有一处值得我们注意，即经文在说明净信的前提时曾提到“无量千万佛所”，这是多佛多世界思想在该经中的首次出现，也代表了大乘佛教初期佛陀观的一个重要方面。早期佛教只承认释迦牟尼一人是佛，后来又出现七佛说，但只认为七佛依次相继，仍反对多佛并世的说法，如《中阿含经》卷47《多界经》中说：“若世中有二如来者，终无是处。”部派佛教时期，属于大众系的一些部派开始主张多佛说。如说出世部认为，东西南北四方皆有诸佛，其中东方就有五佛，南方有二佛，西方北方各有一佛。《金刚经》继承了这种说法，并加以发展，认为东西南北四维上下到处有“无量千万佛所”。如此则宇宙空间无限，佛国世界无限，佛亦无限。如下面经文所说的，“如一恒河中所有沙，有如是沙等恒河，是诸恒河所有沙数佛世界”，“八百四千万亿那由他诸佛”。其他大乘经中也提到西方的“十万亿佛土”，上方的“四十二恒河沙佛土”。这种无量佛所的观念，表明了《金刚经》丰富的想象力。它突出了宇宙的无限性，是一种空前的宏观假设，具有一定的合理性。

【经文】

“须菩提：于意云何？如来得〔1〕阿耨多罗三藐三菩提耶？如来有所说法〔2〕耶？”

须菩提言：“如我解佛所说义〔3〕，无有定〔4〕法名阿耨多罗三藐三菩提，亦无有定法如来可说。何以故？如来所说法，皆不可取〔5〕、不可说〔6〕，非法〔7〕、非非法〔8〕。所以者何？一切圣贤〔9〕皆以无为法〔10〕而有差别〔11〕。”

【注释】

〔1〕得：获得、证得。指获得或成就佛教的某种思想、功德或事业，佛教称此“得”

犹如绳系于身，故亦称“得绳”。有四种之别：(一)“法俱得”：所得之法现在，“得”亦现在。(二)“法前得”：所得之法尚在未来，而“得”生于此前，如太阳尚在地下而明亮已现。(三)“法后得”：所得之法已经过去，而“得”犹存，如太阳西入而留余光。(四)“非前后俱得”：前面三得为有为法上的“得”。有为法有过去、现在、未来的不同，故“得”也有三种差别。无为法不生不灭，所得而不能说前后与现在的差别，所以无为法之“得”称作“非前后俱得”，这里的“得”即属第四种“非前后俱得”，因为它是指得“阿耨多罗三藐三菩提”，此种无上圣智即属无为法范畴。大乘佛教般若学认为“得”是虚假非实的，认为有得则必失于菩提，而只有“无所得”才无所不得，才契合般若之性。《金刚经》中即多次表示如来佛于法实无所得。

〔2〕法：佛教最常见的名词。涵义相当复杂，此处指佛法，即佛教的教理、教义及表述教理、教义的一系列名言概念。

〔3〕佛所说义：义即意。如来佛所说的意思。指前文所讲的无相、无住义理。

〔4〕无有定：“定”即固定的、不变的、绝对的。“无有定”即无定，意指无常变化、虚妄非真、相对而待、随机而别的特性。佛教认为，一切事物、现象、特性、概念等皆是无定的。此处的“无有定”指佛所说的阿耨多罗三藐三菩提法也是不能绝对肯定和绝对否定的，而是相对的，亦即下文所说的“非法、非非法”。

〔5〕取：执著、取著、追求、贪爱等。指人们对所对之境界的取著与追求。《大乘义章》卷5说：“取执境界，说明为取。”其实，“取”亦即人们对事物与现象的认识，但是佛教认为一切都是虚妄不真的，所以人们的认识活动只是一种世俗的贪著和妄见。如佛教八苦中“五取蕴苦”的“取”即是人们对组成自身的色、受、想、行、识五要素的贪爱和固执的欲望，由此即会产生贪欲，从而导致痛苦。“恶取空”的“取”是指人们对“空”的追求和执著。所以，有“取”即有妄，有妄即为之系缚，有缚即不能解脱，不得解脱者即为凡夫。《涅槃经》卷17说；“取著名为凡夫。一切凡夫取于色，乃至著识；以著色故，则生贪心；生贪心故，为色系缚，乃至为识之所系缚；以系缚故，则不得免生、老、病、死、忧悲大苦、一切烦恼。是故取著名为凡夫。”“取”亦为“十二因缘”之一，指由“爱支”(十二因缘之一，位于“取”之上，意为贪爱)现行引生的对外界的周遍驰求，执著不放，由此即可引生“有”(十二因缘之一，位处“取”之下)，即思想行为。“取”的分类不一。从人们与对象之间的关系来讲，分为“能取”(主体)，“所取”(对象)。从取的对象来讲，分“欲取”(对色、声、香、味、触等五妙境的贪求)、“见取”(执取各种非佛教的戒律)等(见《俱舍论》卷1)。此处的“取”指对佛所说法的固执，也是一种应予破除的妄见，故经中说：“如来所说法，皆不可取”。

〔6〕不可说：无法用语言表达或不可绝对认识。只能以无上圣智去体悟。其含义是：(1)不可说其是，也不可说其不是。即不可肯定化、绝对化；(2)如来所说无上菩提之法，神秘莫测，超言绝象，不可以口宣，不可以耳听，不可以用语言表达。如《大智度论》中所说：“般若波罗蜜实法不颠倒。念相观已除，言语法已灭。”(3)佛说法是如来应化之身的随机教化，并非如来之真身，正如无著偈中所言：“应化非真佛，亦非说法者。”对说法者不能执取，对所说法更不能执取，即下偈中所言：“说法不二取，无说离言相。”(4)一切法无体相，无言相，本性空寂，故不应视其为实有而口说言传。

〔7〕〔8〕非法、非非法：“非法”即无有佛法，因为佛法无状无名，无有体相，皆为

权且方便，非绝对真实。“非非法”即非无佛法，因为无上菩提无我相而非虚无。“非法”为离有而说；“非非法”为离无而说。前者是否定，后者是否定之否定。

〔9〕圣贤：圣者与贤者。“圣”即证正道。《大乘义章》卷17曰：“初地以上，息妄契真会正，名圣。”圣者，即断惑证理、已离凡夫之位者的通称。“贤”即与圣者为邻，但尚在凡夫之位者。圣贤的分类大小乘各家不一。《仁王经》立“三贤十圣”,《璎珞本业经》立“四十二贤圣”，小乘萨婆多部立七贤十七圣，成实宗立“二十七贤圣”。最普遍的是“四圣”说，即(一)声闻：指听闻如来佛言教的觉悟者，他们只能遵照佛的说教修行，并惟以达到自行解脱为目的。此类圣者以修学四谤、八正道为主，最高果位是阿罗汉，最终目的达到“灰身灭智”的无余涅槃。(二)缘觉：亦称“辟支佛”、“独觉”，指独自观悟佛说因缘道理而得道者。(三)菩萨：自觉而觉他，是佛的候补者。以上三者又分别叫作“声闻乘”、“缘觉乘”、“菩萨乘”，合称“三乘”。(四)佛：大彻大悟，觉行圆满，是佛教修持的最高果位，至上圣者。“四圣”与天(天神)、人(人类)、阿修罗(魔神)、畜生、鬼、地狱(地狱受罪者)等“六凡”合称“四圣六凡”，是佛教对宇宙众生和证悟得道的生命体的十类划分。

〔10〕无为法：简称“无为”，指非因缘和合形成、无生灭变化的绝对存在。原是“涅槃”的异名。部派佛教后，又提出数种；大众部、法藏部、饮光部等主张“九无为”：(1)择灭无为；(2)非择灭无为；(3)虚空；(4)空无边处；(5)识无边处；(6)无所有处；(7)非想非非想处((1)(2)(3)释见下；(4)(5)(6)(7)亦称“四无色定”即对治色的束缚、通过灭除一切对外境感受和思想的修行，即所谓“四无色定”而达到已摆脱物质性因素束缚的精神境界，亦称“四无色天”、“四空处”。在此四种境界中，既无自然国土和居处宫室、亦无色碍之肉身，仅以共因、命根等假合为体)；(8)缘起支性(十二因缘之理)；(9)圣道支性(八正道之理)。

说一切有部、犊子部主张“三无为”：(1)虚空无为(无边无际、永不变易，无任何质碍而容纳一切色法的空隙、空间)；(2)择灭无为(通过智慧的判断、选择而自觉地达到的寂灭境界，也即是涅槃)；(3)非择灭无为(非由智慧的判断、选择而显示的寂灭。有部认为一切现象本由因缘和合而生，如果所需外缘已不存在，即缺乏“生缘”，就永远妨碍未来生物的产生，即所谓“缺缘不生”，不生则无灭)。

大乘唯识宗主张“六无为”：(1)虚空无为(显示空无的真理即“真如”离开各种障碍而寂灭，犹如虚空)；(2)择灭无为(借无漏智慧的判断、选择力，断灭一切烦恼、证得真如)；(3)非择灭无为(无待于人的智慧，而本性清净之真如)；(4)不动无为(指禅定进入色界第四静虑时，不为苦乐所动的精神境界)；(5)想受灭无为(禅定进入无色定的无所有处增界，一切尘污心想及苦乐二受，即想和受俱灭)；(6)真如无为(真如即真理、绝对的本体。以观悟我空、法空所显的不虚不变的真实如常的理体)。

无为法的各种分类基本上是就佛教修持所达到的境界来立论的。《金刚经》中的“无为法”到底指哪几类，尚未明示。但参照前经中“所有一切众生之类”及各种证道者的划分来看，似应指大众部的“九无为”。

〔11〕差别：指各类贤圣在修证无为方面所显示的深浅不同。这些圣人、贤者即因此而得其名，所以，其名的本身就是根器与证果阶位差别的表示。此词在流支译本中作“得名”，真谛译本中作“显现”，玄奘、义净译本作“所显”，其含义是基本一致的。

【译文】

既然那些持戒修福、广种善根者能以佛所说的无相、无住妙义为真实无误的教法而受持读诵、净信无染，甚至因此而获得无量福德，那么能否就视此妙义为实，视无上圣智为佛实得，并认定佛有所说法呢？另一方面，既然佛身无相，诸法应舍，那么又该如何对待眼前佛的升座说法及所说之法呢？如来佛惟恐座下的比丘们再生迷惘，故又向须菩提设问，希其能理解佛意，为众释虑。佛问道：

“须菩提：在你看来，应如何理解如下的疑问，即如来佛真的独自证得了一种确定的、无上正等正觉之法吗？如来佛真的说过什么一定的法吗？”

须菩提回答说：“如果按我对佛所讲的般若义理的理解，没有一定的、绝对的佛法名叫无上正等正觉。因为此种无上圣智深妙玄奥、幽微难测，无有法相，随人证入，不能谓其一定，视其绝对。既无定法可名，如来便无所而得。与此相应，从说法方面来看，也没有一种肯定的、绝对的佛法是如来佛可说的。为什么呢？因为如来所说的一切佛法皆是因时因人，随机教化，对症下药，无有定相可言，所以，只可以性修，不可以相取；只可以意会，不可以言传。凡佛法者，无状无名，无体无相，皆为临时施设，非真实绝对之法。但亦不能说没有佛法。为什么要这样说呢？因为一切圣人贤者皆以其根器深浅、修行胜劣的不同而在证悟无为之法时显出高下阶位之差别，说明佛法无定相、无实体，故言非法。同时也因为一切圣人贤者本身就是依无为之法而显示其性，并证得其果，说明佛法并非无有，故说非非法。

须菩提的这一回答，深得无相的奥义，正符合如来心意。其所揭示的道理正是本经旨趣之所在。

【说明】

般若的特点即遇到什么就破除什么，无论是一般众生，还是教主如来；无论是此岸万有，还是彼岸一切；无论是世俗认识，还是无上圣智，皆是般若遣除的对象。前面各段曾相继破度生所著人我众生之相；布施所著色法六尘之相；观佛所著释迦肉身之相；破相所著诸法断灭之相。此节接着这种破相去执的势头并紧随上节“于此章句，能生信心，以此为实”、“闻是章句”、“一念生净信”这一话题，引出对佛法的所证与所说的破除。经文仍采取问答的形式，所不同的是本段中须菩提回答时冠以“如我解佛所说义”之句，从而使其答语从机械的弟子回禀，变成具有一定权威性的说法。

本节文字精练，脉络清晰，具有很强的逻辑性、思辨性，显示出佛家的超凡智慧和看待事物的基本观点。它围绕着有无定法名阿耨多罗三藐三菩提，有无定法如来可说这一主题展开了多层次的论证和说明。第一层：正面标示。提出没有一定的法名叫阿耨多罗三藐三菩提，也没有一定的法如来可说。第二层：具体论证说明。在这里，须菩提以般若为观照“如来所说法”的指南，认为“如来所说法，皆不可取，不可说，非法、非非法”。此中又含两层意思，第一是说如来所讲的一切佛法，毫无定相可得，无法具体言说，故而“无有定法”可得、可说。第二是通过“非法、非非法”对“如来所说法皆不可取、不可说”做说明和总结，即“不可取”、“不可说”是因为佛法本非佛法，亦非不是佛法，说无却有，说有却无，不可取而得之，不可言而说之，既不能绝对肯定，也不能绝对否定。第三层即“所以者何？一切圣贤皆以无为法而有差别”。此句以例说明第二层“非法、非非法”的含义。因为一切圣贤根器深浅、见解优劣各自不同，但皆可体悟佛说的无为之法，由此证得的果位有高下之分，这说明佛法并不是固定的、死板的，而是无定的，随机的，没有定相、没有实体，所以是“非法”；另一方面一切圣贤又都是因无为之法而悟到证果，说明佛法并非不存在，所以是“非非法”。

密宗的八大菩萨之除盖障菩萨
其德行为消除所有一切烦恼之障碍，为胎藏界曼荼除盖障院之中尊，也是金刚界曼荼罗贤劫十六尊之一。

这种对待佛法的态度反映了初期大乘般若学的基本观点。原始佛教把释迦如来奉为惟一的佛，把佛所说的法看成句句是真理，而且是永恒的、不能变更的神圣教谕和永恒的不能消失的实体。这种对佛法的固执、僵化的态度是一种形而上学的观点。与此相反《金刚经》却将佛法视为一堆没有任何实体和定相的名言施设，它从佛法中抽出了精神实质，也可说是佛法的基本原理，如该段中所说的“如我解佛所说义”，而此“义”，实际上也就是般若，再以般若反观佛法，看到的便全是些名言假相和符号组合，如此当看不到佛法之时，才可说是真正地领悟了佛法。这种把佛法从佛的各种具体说教中抽离出来并加以神秘化、客体化的做法，一方面使原来的佛法变得毫无意义甚至成为一种妄自执著的邪见和真正解脱的障碍，另一方面又使新抽出来的佛法灵魂即般若实相成为脱离一切实际事物而又能构成事物的共同本质，所以此段中以般若观照全部佛法的态度，也完全适用于一切事物和佛教所讲的一切境界和一切现象。

本节经文中使用的“无法定法”一词也很值得我们回味。它不但准确地表达了本段经文的核心思想，而且也显示了佛教的智慧和高超的思辨能力。“无有定法”可简之为“无定”。据圆瑛法师解释，“无定者，不定取、不定舍；不定空、不定有。取、舍、空、有皆落情见，般若则超情离见，故皆无之”(《金刚经讲义》，圆明讲堂1985年)。意思是说，“无定”即不固定化，不绝对化，远离任何偏见，空有不取，两边不着，而达到此种认识程度是因为般若“超情离见”的缘故。这样便把“无定观”与佛的圣智又必然地联系起来。“无定”首先在于不能肯定法的实有，从而不必执著分别、妄生计度；其次不能肯定法的虚无，因为假施犹存。以“无定”思想为指导则此岸及彼岸的一切事物、现象、境界、构想、特性、概念、佛法等“皆不可取、不可说，非法、非非法”。从哲学史的角度看，“无定”思想实际上是一种既不绝对肯定，又不绝对否定的思想。从它对待肯定和否定的态度看，则否定中有肯定，肯定中有否定。扩而广之，就是以相对的观点来看待一切事物。“无定”思想中包含的辩证法因素，在当时来说是非常伟大的。

【经文】

“须菩提：于意云何？若人满三千大千世界〔1〕七宝〔2〕以用布施，是人所得福德宁〔3〕为多不？”

须菩提言：“甚多！世尊。何以故？是福德，即非福德性〔4〕，是故如来说福德多。”

“若复有人于此经中受持〔5〕，乃至四句偈〔6〕等，为他人说〔7〕，其福胜彼。何以故？须菩提，一切诸佛〔8〕及诸佛阿耨多罗三藐三菩提法，皆从此经出〔9〕。须菩提，所谓佛法者，即非佛法。”

【注释】

〔1〕三千大千世界：以须弥山为中心，以铁围山为外郭，同一日月所照的四天下为一“小世界”；一千个“小世界”为一“小千世界”；一千个“小千世界”为一“中千世界”；一千“中千世界”为一“大千世界”，也就是说一千个世界为小千世界，一百万个世界为中千世界，十亿个世界为大千世界。因“大千世界”中有小、中、大三种“千世界”，故称“三千大千世界”。佛教认为三千大千世界为一佛土，是佛祖释迦牟尼教化包括人在内的众生的世界，也称娑婆世界，意为“堪忍世界”，即此世界充满不堪忍受的苦难，众生罪孽深重；佛、菩萨为教化众生也忍受劳累，故而得名。

佛教认为，宇宙是由无数个大千世界构成的无限空间，所以构成大千世界的中千世界、小千世界、小世界也是无限的。如《金刚经》中即以恒河之沙来比喻此世界的无边无量。每一个世界都以具有多层物质(轮层)的圆柱形的大地为基础，人们能看见的是这一圆柱顶上的平面，其底则是无限的空界，是大地所依止。这个世界的形成是由于众生共同造的业力的结果。即因众生的“业增上力”，使空界中十方风起，互相激荡，后来形成厚达160万由旬(古印度计算距离的单位，以帝王一日行军之路程为一由旬，相当于中国古代30里)坚密不动的气(称妙风轮)。继而金色云遍布空间，倾盆大雨落在风轮上，结为深80万由旬的水轮，并在水层上结成了厚32万由旬的金(称为金地轮，即硬石)。在此石层之上为深8万由旬的软土，此即世界的地面。

在这世界的中心有一座大山名叫须弥山，其他大地、山河、星球等都围绕着它而排列。此山高于8.4万由旬，由金、银、琉璃和玻璃等宝物构成。山上宫殿林立，树木茂盛，香气四溢。山顶上为帝释天(原为古印度神话中的最高天神，后为佛教吸收，成为护法神)，四面山腰为高4.2万由旬的四天王天(欲界六天之一，为东方持国、西方广目、南方增长、北方多闻四大天王及其眷属的住处)。此处“所居宫殿，有七重宝城栏楯，七重罗网，七重行树，七重诸宝铃，乃至无数众鸟相和而鸣”(《长阿含经》卷18)，是一派戒备森严，又十分富丽、喧闹和美妙的景象。

四天王天的外围是七香海和七金山(七轮围山)。七重香海位于须弥山和七金山之间，总名为内海。第七金山外有铁围山所围绕的咸海。咸海中有四大部洲、八中洲和无数小洲。四大部洲即：东方胜身洲；南方瞻部洲；西方牛贺洲；北方俱卢洲。每一大洲中各有两个中洲(海岛)，共为八个中洲。此外还有无数小洲。咸海以外是由铁组成的铁围山，它四面相围，由此形成一个世界。每两个世界的中心须弥山之间的距离为120多万由旬。每个世界的上空都有一个太阳、一个月亮和众多的星球围绕着须弥山周围，各按自己的轨道不停地转动。太阳和月亮离海面为4万由旬。它们的轨道在咸海上，由于中心须弥山高84000由旬，所以，日月之光受遮而不能照射到对面，这样便有了昼夜之分。东胜身洲与西牛贺洲，南瞻部洲和北俱卢洲的晨昏昼夜正好相反。太阳南行时光射在咸海上，北行时射在大洲上，故而有了寒热季节的不同。

〔2〕七宝：七种宝物。佛经中经常出现，但说法不一。这里当指《般若经》所说的七宝，即金、银、琉璃、砗磲、玛瑙、琥珀、珊瑚七种宝物。

〔3〕宁：副词，岂，难道。

〔4〕福德性：福德为佛教两种“庄严”之一。称“福德庄严”。简称“福严”。指菩萨自初发心，修六度万行，具足所有之福德，能显现法身，即所谓“庄严佛果”。另一庄严为智慧庄严，指修习正知见，净尽无明，能显法身。此二庄严可包括菩萨的万行。但福德庄严必须以智慧庄严为指导，悟得福德的本自特性，从而不住于福德之相。“性”即“法性”。指现象固有的、永不可变的本质、本体、本源。这里指空寂之性。“福德性”即福德的本质特性，亦即福德的空寂无相、不可言说的特性。指依般若修行，悟得一切非实，本性空寂，故无福德之相。无相无为，不可说有与不有，更不可说多与不多。故针对福德性，不可说多，而针对非福德性即有相有为福德，则可说其多。福德性是从非实空性来说的，非福德性是从假有幻性来说的。前者称“无漏”福德；后者称“有漏”福德。前者可获无上菩提，证成佛果，最终解脱于三界六道；后者只可获得善报，轮回转生于人天之善趣，而不能脱离三界生死。

〔5〕受持：接受并读诵，解义并践行。以信力而领受，以念力而执持。受为从师所学、持为信而力行。受以心有，持以身施，后来“受持”成为法华五种法师行之一。

〔6〕四句偈：“偈”亦译“颂”、“讽颂”、“孤起颂”。音译“伽陀”、“伽他”、“偈陀”等。属佛经的一种体裁。由固定字数的四句组成，种类不一，常见为两种：一种通偈，固定由梵文32音节组成；二是别偈，共四句，每一句四言、五言、六言、七言等不定。此处的“偈”，历来有很多说法，主要有两类：一类人认为“四句偈”指某一特定的四个句子，相当于上面说的“别偈”。但到底是哪四句却看法不一。如：(一)“无我相、人相、众生相、寿者相。”(二)“凡所有相，皆是虚妄，若见诸相非相，即见如来。”(三)“若以色见我，以音声求我，是人行邪道，不能见如来。”(四)“一切有为法，如梦幻泡影，如露亦如电，应作如是观。”(五)“不可取，不可说，非法、非非法。”还有一类人认为，四句偈并非指某一特定的四句，而是指通偈。即泛指由梵文32音节组成的句子。此处所说四句偈意指几句经文，而非大段甚至全文。以此少量说明持经福德之巨。后一种看法是比较合适的。

〔7〕为他人说：给其他人讲解，即所谓“弘法利生”。此为大乘佛教最主要的修行活

动之一。是“普度众生”的关键。与前句“受持”相对，可分别称之为自觉、觉他。利己、利人。

〔8〕一切诸佛：指三世十方的一切佛。佛教认为，过去、现在、未来的十方界内有无数个佛世界，每世界都有一佛教化众生。过去佛最著名的是燃灯佛，即本经中所讲的为释迦牟尼授记的那个佛。未来佛最著名的是弥勒佛，现在佛一般指释迦牟尼佛。在十方界内，最著名的是东方、西方、此方三界也称“三世”，其中东方称琉璃世界，教主是药师佛；西方称极乐世界，教主是阿弥陀佛；此方称娑婆世界，教主是释迦牟尼佛。

〔9〕从此经出：即由此经而得产生，指根据此经的般若义理，体悟诸法实相，从而证得佛身，成就无上菩提。《金刚经》认为，三世十方一切佛及惟佛具有的阿耨多罗三藐三菩提，都是因此经义理而得成就的，故言“皆从此经出”。

【译文】

既然不能执著于佛法，那么又该如何看待此经呢？为了说明这个问题，如来先设一句：

“须菩提：在你看来，如果有人将大千世界的所有七种珍宝，全部拿来进行布施，此人因此而获得的福德究竟多不多呢？”

须菩提回答说：“很多，世尊！为什么呢？因为，从世俗的观点来看，这种以财物布施而获得的福德是身外享用的有为福德，是可以称量计较的有相福德，并非不可言说、不可计量的真性无为福德，所以，如来才说这种福德是很多的。”

密宗的八大菩萨之地藏菩萨 密宗又称之为悲愿金刚、与愿金刚或金刚幢，因其安忍不动如大地，静虑深密如秘藏，故称为地藏。

须菩提这样回答完毕，如来佛便不失时机地明示道：“如果另外又有人并不是以大千世界的七宝布施，而是一方面虔诚信受此经，同时，诵读解义，如理践行，甚至只信受、念持其中的四句偈，另一方面，还向其他人诵读宣传、讲解弘通。那么，此人因此而获得的福德比那位以大千世界所有的七种宝物布施而获得的福德还要多。为什么呢？须菩提，你应当知道，三世十方的一切佛及惟佛证得的无上正等正觉大法都是根据此经的般若妙义，体悟诸法实相，从而得以成就的。当然，此经亦如筏喻之法而不可执著。须菩提，我可告诉你，如果有人认为定有诸佛及诸佛菩提大法，从而也执著于本经的名言法相，那么，他所说的佛法就绝不是真实而明心见性的佛法！”

【说明】

本节经文的中心内容是说明《金刚经》在整个佛法中的至高地位和受持《金刚经》的巨大福德。

自正宗分开始以来,《金刚经》从各个方面展开破相去执、降心无住的般若法义，相继破除了对人自身的执著；对色、声、香、味、触、法“六境”的执著；对如来佛的执著；对诸法断灭之相的执著；对无上圣智的执著；对如来佛所说之法的执著。通过这一系列的破除，达到我空、法空、空空，并由此而一切皆空(尽管经中并未出现“空”字)，至此本经所阐述的般若义理大旨已彰，本段经文正是在此基础上对《金刚经》的殊胜地位和受持福德作了极高的评价。另一方面，本段经文也是紧随上段关于“无有定法如来可说”、“如来所说法，皆不可取、不可说，非法、非非法”这一意趣，说明佛法虽无定相，不可取著，但本经并非虚无，它所诠释的般若实相之理成为一切佛得以证成正果的根据和无上圣智得以成就的所在。这种评价可谓是至高无上、无与伦比。因为佛教就其教法来讲，至圣者无非无上圣智；就其果位来讲，至高者无非成佛。所证之法、能证之人皆从此经而生，这样的经典难道还不是法中之王，理中至级，众生渡脱苦海的必由之乘吗？

经文正是根据《金刚经》的这种至极地位来说明受持者所获福德的至极程度。为了能让人们理解这种不可思议的福德，经文首先以比喻的形式，提出以大千世界所有七宝布施所获的极多福德，作为一个对比物，来衡量持经福德的程度。此中又使用了“乃至四句偈”一词，从而使这种福德的较量更加生动显明，其对比度也愈加拉大，受持《金刚经》所获福德的巨大程度，便更是不可思议。

段末的“所谓佛法者，即非佛法”，是一句公式化的扫相添加语。上文提到,《金刚经》的特点是边走边破，随说随除，所以往往是前面出现的，正是后面扫除的。本段对金刚般若之法推崇备至，听法者若一时昏头就可能又执著于它，认定其为惟一真实的佛法，从而产生固执和排他等邪见恶习，于是紧跟着便又说出此语，指出这种世俗认识是错误的，因为一堆名言概念并不等同于不可言说的真实佛法。《金刚经》的这种扫相方式，是要表明在诸法相上应丝毫不住、一尘不染。

【经文】

“须菩提：于意云何？须陀洹[1]用作是念——‘我得须陀洹果[2]’不？”

须菩提言：“不也，世尊。何以故？须陀洹名为入流[3]，而无所入。不入色、声、香、味、触、法，是名[4]须陀洹。”

“须菩提：于意云何？斯陀含[5]能作是念——‘我得斯陀含果’不？”

须菩提言：“不也，世尊。何以故？斯陀含名一往来[6]，而实无往来，是名斯陀含。”

“须菩提：于意云何？阿那含[7]能作是念——‘我

得阿那含果’不？”

须菩提言：“不也，世尊。何以故？阿那含名为不来[8]，而实无不来，是故名阿那含。”

“须菩提：于意云何？阿罗汉[9]能作是念——‘我得阿罗汉道[10]’不？”

须菩提言：“不也，世尊。何以故？实无有法名阿罗汉。世尊，若阿罗汉作是念——‘我得阿罗汉道’，即为着我、人、众生、寿者。

“世尊：佛说我得无诤三昧[11]，人中最为第一，是第一离欲[12]阿罗汉。世尊，我不作是念——‘我是离欲阿罗汉’。世尊，我若作是念——‘我得阿罗汉道’，世尊则不说须菩提是乐阿兰那行者[13]。以须菩提实无所行，而名须菩提，是乐阿兰那行。”

【注释】

〔1〕须陀洹：梵文音译。意译“预流”、“入流”、“至流”等。小乘佛教四种修行果位中之初果位，指通过思悟苦、集、灭、道四谛真理而断灭欲、色、无色三界“见惑”而达到的果位。“见惑”亦称“理惑”。指不明佛教真理而对世界、人生等外部境界所产生的种种错误见解，如身见、边见、邪见、见取见、戒禁取见等“五见”及“八十八见”等。此种“见惑”即是烦恼，破而除之，亦即下文所说的“不入色、声、香、味、触、法”，即可去凡夫而始入圣道之流，故名“入流”。因其违背于三界生死之流，故又名“逆流”。进入此位之后还有七番生死，即还要七次转生于天上、人间。

〔2〕果：结果。由一定的因而产生的皆称之为“果”。分类很多。归纳起来有两层含义：(一)任何事都是有因而得产生和变化，所以事物前后相续，对于前因来说，后生者即为果。此指有为法。(二)通过各种修行及其他业力之因而得到的阶位与果报。此中又有两种，一是三界六道轮回之果报，此为“苦果”。二是超凡入圣之果位，此为“圣果”。这里的“果”即属此种。

〔3〕入流：须陀洹的意译，参见注〔1〕。

〔4〕是名：是一种名号。“名”是佛典中常见的一个术语。《同光记》卷5说：“梵云那么，唐言名是。随意、归意、赴意、召意、谓随音声归赴于境，呼召色等。名能诠意，……缘于名，能起于想，能作想故，故名作想。”即是说，“名”是一种能令人随其音声、符号而想起其境相的东西。它与“实”相反，只是一种假相，是世俗人分别各种事物、现象、特性的一种概念。大乘般若学认为一切非实，仅是假名；假名是妄，不能执著为真。《金刚经》中

十八罗汉之笑狮罗汉　罗弗多尊者，原为猎人，因学佛不再杀生，狮子来谢，故有此名。

用"即非"、"是名"二词表示其一切非实假有的观点，从而形成其独具一格的"即非——是名"双遣否定法。

〔5〕斯陀含：梵文音译，意译"一来"、"一往来"。小乘佛教四种修行果位中的第二位。指通过思悟"四谛"之理而断灭与生俱来的烦恼所达到的果位。此位所断之烦恼为三界中欲界九品"修惑"的前六品。所余后三品"修惑"尚需于欲界中的人间与"六欲天"各受生一度，故名"一往来"。"修惑"亦称"思惑"，主要指对世界事物所持的贪、瞋、痴("三毒")等情欲。因迷于事物，产生情欲，故也称"事惑"。小乘佛教认为三界中共有九地，每地有"修惑"九品，共有"修惑"81种。其中欲界一地有贪、瞋、痴、慢四种，细分为九惑。

〔6〕一往来：斯陀含的意译，参见注〔5〕。

〔7〕阿那含：梵文音译。音译"不还"、"不来"，小乘佛教四种修行果位中的第三位。指通过修行完全断除欲界修惑而达到的果位。与"斯陀含"相比，它不仅断除了欲界九惑中的前六惑，而且还断除了后三惑，所以，从此不再还来欲界，而是转生于更高的色界、无色界。故名"不还"、"不来"。

〔8〕不来：阿那含的意译。参见注〔7〕。

〔9〕阿罗汉：梵文音译，亦译"阿罗诃"，略称"罗汉"。小乘佛教四种修行果位中的第四位。亦即最高果位。指断尽欲界、色界、无色界三界"见惑"、"修惑"所达到的果位。因其已至修学的顶端，故称"无极果"。具体讲含有三义：(一)"杀贼"，意即断尽一切见、修二惑，杀尽一切烦恼之贼。(二)"应供"，意即获得极果，应受天、人的供应。(三)"不生"，意即一世之果报永尽，恒入涅槃不再轮回轮生于三界之内。

〔10〕道：原意"道路"。佛教取其能通之意而引申为：(一)在轮回转生过程中，善业通人至善处，恶业通人至恶处，故善、恶二业谓之"道"。所至之处也称"道"。此即三界六道轮回的"道"，即：地狱、饿鬼、畜生、阿修罗、人、天。此种"道"是"有漏道"("漏"即由烦恼业因，众生不断从眼、耳、鼻、舌、身、意"六疮门"流出"不净"，从而造成新的业因，如此而不断地流转生死于三界六道之中)。(二)在修行解脱过程中，可使众生达到佛教觉悟，从而趋向涅槃的佛法，如四念处、四正勤、四如意足、五根、七力、七觉、八正道等皆称之为"道"。此为"无漏道"。如"道谛"、"三十七道品"、"声闻道"、"佛道"等。(三)解脱境界，无碍自在，亦称之为"道"。这里的阿罗汉"道"即指阿罗汉这样的解脱境界，意同上文的"果"。

〔11〕无诤三昧：安住于空理、与他无诤的禅定。"诤"同"争"。争论、争辩、争讼、争夺、争强论胜等。"三昧"为梵文音译，意为"定"，指心专注于一境而不散乱的精神状态。此为取得确定之认识、做出确定之判断的心理条件。《大智度论》卷5说："善心一处不动而名三昧。"如果掌握了某种事情的要诀、懂得其中的奥妙，即可说得到某种三昧，如无相三昧、无住三昧、无心三昧、无垢三昧、无作三昧等。在"三昧"状态中悟得空理，消除欲念，则无你我之分，彼此之别，差异全抛，恼乱俱忘，与人无争辩，与世无竞夺，不但独自不恼，亦令众生不起烦恼，此即无诤三昧。佛典中讲，须菩提最善无诤三昧，如《涅槃经》中说，须菩提住于虚空之地，若有人嫌其立，其当终日端坐不；若人嫌其坐。其当终日立不移处。

〔12〕欲：梵文意译。即希求、欲望。《俱舍论》卷4说："欲谓希求所作事业。"《唯

识论》卷5说："云何为欲，于所乐境希望为性，勤依为业。"《杂阿含经》说："欲生诸烦恼，欲为生苦本。"佛教认为，人们由于"无明"(愚痴)所障，而产生了对外界一切的贪爱渴求，此即"欲"。有欲则有烦恼，有烦恼则有诸苦。所以，佛教特别重视离欲。"欲"的分类较多。(一)三欲：形貌欲、姿态欲、细触欲(见《涅槃经》卷12)。另有欲界三欲，即：食欲、眠欲、淫欲。(二)五欲：也称"五妙欲"。指为追求色、声、香、味、触"五境"而起的五种情欲。如《大智度论》卷17说："著五欲者，名为妙色、声、香、味、触。"也有说五欲为财欲、色欲、饮食欲、名誉欲、睡眠欲。(三)六欲：色欲、形貌欲、威仪姿态欲、言语音声欲、细滑欲、人想欲(见《大智度论》卷21)。这里的"欲"泛指对外界一切的执著追求。

〔13〕阿兰那行者：即从事寂静修行的修行者。"阿兰那"是梵文音译，也译作"阿兰若"、"阿练若"等。原意为"树林"，意译为"寂静处"、"无诤处"、"空闲处"、"远离处"等。是比丘从事寂静修行的地方。后来泛指一般佛寺。"行"即修行。"行者"即佛教修行者。"阿兰那行"即寂静行，亦即吉藏所说的，"优游任放，不为尘累"(《卍续藏经》卷38)。

《金刚经》其他译本此处皆译作"无诤行"。罗什译本用"阿兰那行"很可能是有意改动。这样一来，避免了与上文的重复，尤其是使意义更深一层。因为"阿兰那行"是早期佛教非常重要、非常普遍的一种修行方式，以至成为当时佛教僧侣生活的基本标志。以此来说明"无诤"更容易使人理解和接受。何况"无诤"也只是寂静心的一个表现方面。根本的要求还是远尘离垢、弃欲绝相、心无所住、行无所行、清净无染。

【译文】

如来说佛法不可取、不可说、无实无虚、无依无得，但座下一千余名比丘是否会像须菩提那样心领神会呢？他们弃家辞亲，苦修勤学，不正是为了证得某种果位吗？为使听法者完整理解般若无相无住之理，佛又借助须菩提展开进一步的阐说。

佛问："须菩提：在你看来，须陀洹能够有这样的念头——'我已得到了须陀洹的果位'吗？"

须菩提回答说："不可，世尊。为什么呢？须陀洹虽然说已脱离六凡境界，初入圣者之流，从而名叫入流，但也正因为其已入流，已断除了对三界一切境界的错误见解，心无所取，所以，实际上他是无所而入的。具体讲，既不入眼睛可见的大小形状、不同境况、各类颜色等表面现象，也不入于耳闻的声音、鼻嗅的气味、舌品的六味、身体的触觉以及意识所感觉和认识的一切事物和现象。如此无所而入，所以说须陀洹仅仅是一个假名而已。"

"须菩提：在你看来，斯陀含能够有这样的念头——'我已得到了斯陀含果位'吗？"

须菩提回答说："不可，世尊。为什么呢？斯陀含虽然说已断除了对世界事物所持的贪欲、瞋恨、愚痴等大多数情欲和迷惑，从而只须在欲天、人间往来转生一次，即可脱离欲界，故名叫一往来，但实际上，色身虚妄，心无所得，并无往来之相。所以说斯陀含只是一个假名而已。”

十八罗汉之坐鹿罗汉　宾罗跋罗多尊者，曾乘鹿入皇宫劝喻国王学佛修行。

“须菩提：在你看来，阿那含能够有这样的念头——‘我已得到了阿那含果位’吗？”

须菩提回答说：“不可，世尊。为什么呢，阿那含虽然说已断除了对世界事物所持的贪欲、瞋恨、愚痴各种情欲和各类迷惑，从而不再来生欲界，故而名叫不来，但实际上，内无欲心，外无欲境，已离欲界，心空无我，毫无执著，并不计不来之相。所以说阿那含只是一个假名而已。”

“须菩提：在你看来，阿罗汉能够有这样的念头——‘我已进入阿罗汉道’吗？”

须菩提回答说：“不可，世尊。为什么呢？因为，阿罗汉已除尽一切迷惑，断尽三界烦恼，情无逆顺，识境双忘，证入不可言说、不可取舍的无为寂静之体，从本质上说并无真实可取的阿罗汉，而只有作为假名的阿罗汉。世尊，如果阿罗汉有这样的念头——‘我已获得阿罗汉道’，那说明他有得果之心，妄见未除，迷惑未消，尚属凡夫之列，从而必然会执著于自我的相状、他人的相状、众生的相状、寿命的相状。

“世尊，如来佛说我已经深悟无争妙趣，在所有弟子中是最能与世无争的人，是名列第一的离欲阿罗汉。世尊：我不这样想——‘我是一位远离各种欲望的阿罗汉’。世尊：我如果有这样的念头——‘我已得到了阿罗汉道’，世尊就不会说须菩提是远离尘嚣、隐居幽林的寂静行者。因为须菩提已悟性空无相之理，从而不再受物役使，受境系累，心无一念，行而无行，所以假名为须菩提，如此才算是乐于远尘离俗的寂静修行。”

【说明】

本书中心内容是通过小乘佛教的四种修行果位来说明无相无住的般若义理。

前面经文说：“如来所说法，皆不可取、不可说、非法、非非法”，“所谓佛法者，即非佛法”。既然佛法如此不可得、不可取，那佛教的各种修行果位又是因何而得、因何而证呢？既然佛法不可说、不可著，为何又讲“皆以无为法而有差别呢？”于是，佛又从得果这一角度展开破相去执的说法。本节是从小乘讲，下节则从大乘讲。

佛教认为小乘四果的分别，关键在于他们体悟无为法之功夫的浅深。般若智慧无所执著，心清体明，与此相反的各种“惑”却见境生情，心污体暗。第一果已破“见惑”而未破“修惑”，初入圣流，属“见道位”。第二果不但灭去“见惑”，而且已破欲界“修惑”前六品，修道功力渐深。第三果位全破欲界九品“修惑”，但色界、无色界其他七十二惑尚未破除。二、三果位属“修道位”。阿罗汉果则尽破三界一切惑，达到境亡心灭、至极无学的程度，属“无学位”。正如南朝傅翕颂中所说：“舍凡初入圣，烦恼渐轻微。断除人我执，创始至无为。缘尘及身见，今者乃知非。七返人天后，趣寂不知归。”这是说前三果在证悟无为方面的渐次深入，至达第四果则“无生即无灭，无我复无人。永除烦恼障，长辞后有身。境亡心亦灭，无复起贪瞋。无悲空的智，翛然独任真”。“长辞后人有身”即不再受生，永远摆脱生死轮回。后指罗汉果不像大乘菩萨那样大慈大悲。将自己的智慧有用于普度众生，而是徒有智慧，儿自入真空寂灭之境而自由自在。小乘四圣之间及小乘与大乘之间“皆以无为法而有差别”，至此即可明了。

但是，如果小乘四圣们都认为自己已得相应的果位，即经中所说的“作念”，那就是心有取著，有取著则心为尘染，心染则属凡夫之辈，怎能进入圣者之流？所以，经中说一果“入流”而实无所入，不入于六尘之境；二果“一往来”“而实无往来”；三果“不来”亦“实无不来”；至于四果阿罗汉更是“实无有法”而名之。经中尤其指出，阿罗汉如果认为他已得到了阿罗汉道，那就是著“我、人、众生、寿者”四相，也即认人为真、视己为实，起人我之见，从而凡心涌动，遍起执著，烦恼充塞，沉沦苦海。所以，作为罗汉他是绝对不能有所“作念”的。经中又举例说，须菩提得无诤三昧，最与世无争，与人无悖，是首屈一指的阿罗汉，但是须菩提能否心存这样的念头呢？能否认为自己已得到了阿罗汉果呢？不能，因为须菩提的一切修行从本质上讲正是“实无所行”，所以才是寂静修行，才为如来佛所称赞。就连须菩提本身也只不过是一个假名而已，哪里来的果与行、欲与不欲呢？何尝需要心中作念，临众标榜呢？正如道川禅师颂中所说：“蚌腹隐明珠，石中藏碧玉。有麝自然香，何用临风立。活计看来恰似无，应用头头皆具足。”总之，经文通过小乘四圣证而无得的道理说明四圣皆是无得而得，本体“实无”，所谓的须陀洹、斯陀含、阿那含、阿罗汉只不过是随机教化、权宜施设的假名而已，切不可认其为真，心起执著，以免清净之心又受污染，复背离圣流而退入凡流。其实，岂止小乘四果理应如此，就是大乘菩萨之道何尝不是这个道理。下节即在此基础上，复就菩萨得法，庄严佛土说明一切皆无实无得，不应妄自分别，心起执著，并随之进行了总结，指出“应如是生清净心”、“应无所住而生其心”。这样也与前文“如来所说法，皆不可取、不可说，非法、非非法”及上文“所谓佛法者，即非佛法”遥相呼应，从而使般若破相去执、解粘释缚的面进一步扩大，理进一步加深。

《金刚经》是一部大乘经典，而且经中还透露出许多与小乘对立的迹象。本节经文以小乘修习所达到的四种圣果为理论分析的对象，说明了四个问题：一是大乘佛教虽然是一种全新的理论体系，但其毕竟还是在小乘佛教的基础上发展而来的，离开了小乘的基本理论、基本概念，《金刚经》的般若思想体系是不可能成立的。二是大乘佛教在继承吸收小乘佛教的同时，还将小乘的一些基本范畴加以改造，赋予其新的内容，从而摄小归大，兼容并包，使本属小乘的范畴成为说明大乘理论的工具，甚至直接变成大乘佛教的基本范畴。三是大乘佛教并不排斥小乘，更不视其为异端，只是认为它还不够彻底，不够圆满，所以大乘佛教总是通过各种途径设法引导小乘信徒趋归大乘。这里对小乘四圣的解释在一定意义上讲，也就是给四圣们趋向大乘般若学架设了一座桥梁。只要小乘四圣们能像经文中说的那样去认识，从而无所执著，那他们不就全成了大乘圣者了吗？四是通过对四圣的新的解释说明新旧之间的一脉相承，表明大乘亦是佛说。因为四圣是因四谛之理而亲证的，四谛又是公认的释迦如来亲口所说之法，将新的理论尽量与此画成等号，从而增添了自身的正宗色彩，与经首出现的原始结经形式相互配合，以表明自身的权威性、可信性。

【经文】

佛告须菩提：“于意云何？如来昔在然灯佛[1]所，于法有所得不？”

“不也，世尊。如来在然灯佛所，于法实无所得。”

“须菩提：于意云何？菩萨庄严[2]佛土[3]不？”

“不也，世尊。何以故？庄严佛土者，即非庄严，是名庄严。”

“是故，须菩提，诸菩萨、摩诃萨应如是生清净心[4]：不应住色生心，不应住声、香、味、触、法生心；应无所住而生其心。

“须菩提：譬如有人，身如须弥山王[5]，于意云何？是身为大不？”

须菩提言：“甚大，世尊！何以故？佛说非身，是名大身。”

【注释】

〔1〕然灯佛：梵文意译。“然”即“燃”。亦译作“锭光”（锭，灯之足）。佛名，因其出生时身边光明如灯，故名“然灯太子”。后来成佛，仍以此名。释迦如来前世修行中于第二“阿僧祇劫”，满时，逢此佛出世为教主。释迦随其学法，购买五茎莲花供养该佛，还曾用头发布于泥中让佛蹈之。后来然灯佛给释迦牟尼教记（预言），说其在九十一劫后的“贤劫（即现在之劫）时当成佛。

〔2〕庄严：使庄严、壮美、严肃、积善、累功等。具体含义较为复杂，分类也很多。庄严的境界有佛土或国土，也有人自身，还有庄严心佛土的，即使心清净无染。庄严的方式有：(1)造寺、写经、布施、供养；(2)对一切人普行恭敬；(3)净心离染；(4)行六度、三

燃灯佛　因其出生时身边一切光明如灯，故称为燃灯佛或称为锭光佛。佛教有三世佛：过去佛为迦叶诸佛，或特指燃灯佛，现在佛是释迦牟尼佛，未来佛为弥勒佛。

学等一切佛法；(5)改造世界，使之更加美好；(6)装饰，打扮。《涅槃经》卷27中提出二种庄严：一是智慧庄严，指六度中的般若度，即上述六种庄严中的第三种。二是福德庄严，指一切修福积德的善业。《大集经》卷1提出四种庄严：一是戒璎珞庄严，即持禁戒以离身之诸恶；二是三昧璎珞庄严，即修禅定以离诸邪觉；三是智慧璎珞庄严，即觉知圣谛以离诸颠倒；四是陀罗尼璎珞庄严，即菩萨持善使不失、持恶使不生。此四种庄严如世人以璎珞庄严其身一样，故名璎珞庄严。以上皆可称之为善庄严，与此相对还有恶庄严，即以恶事积身。从庄严的性质来看，可分两种：一是形相庄严，可见可说的庄严；二是第一义相庄严，即无有形相、以诸功德非严而严。如《维摩经·佛国品》中所说的，心净则佛土净。此外，做法事时及佛寺殿堂内的宝盖、幡幢、欢门等装饰之物也称庄严。此处的庄严指修行度生，即以大乘般若之法觉悟众生。

〔3〕佛土：佛所住的国土，即佛世界。佛教认为宇宙间有无数个世界，每一世界都有一佛教化众生，故称佛世界、佛土。分类较多：二种佛土：(1)真土，即真佛的住处，也有人称之为“真佛土”；(2)应土，即应身佛的住处。也有人称之为“方便化身土”。三种佛土：(1)法性土，为法性身之住处；(2)受用土，为受用身的住处；(3)变化土，为变化身的住处。其中法性土又称“理土”，受用土，变化土又称“事土”。另外，从净与污来分，法性土、受用土为净土，而变化土则有净有秽。四种佛土：瑜伽行派认为佛身有四，相应的佛土也有四种，即(1)法性土，自性身之处，为无色无相之理土。(2)自受用土，自受用身之处，为实佛自托之报土。(3)他受用土，他受用身之处，为对于初地以上菩萨示现之净土。(4)变化土，变化身之处，为示现于地前菩萨及二乘、凡夫之佛土。天台宗也将佛土分为四种：(1)凡圣同居土；人天凡夫及声闻、缘觉等圣者同居之国土，其中又分净、秽两种。秽土如娑婆世界(我们这个世界)，净土如西方极乐世界。(2)方便有余土：断见、思二惑，出离三界生死者的居处。(3)实报无障碍土，证中道理，无色、心之取的菩萨居处。(4)常寂光土：“常”即常有法身，本在常住之体，“寂”即一切诸相永寂，获得解脱；“光”即般若，照诸相之智慧。此是诸佛如来之所依所居之处。此处的“佛土”指众生居住着的现世世界。

〔4〕清净心：无垢无染；无相无住、无贪无瞋、无痴无恼之心。“清净”即离恶行之过失，离烦恼之垢染。一般分身、口、意三业清净。这里的清净心即属意业清净。即以般若作为观照一切的工具，悟得非实假有、无相无住之理，从而在思想上清除一切外相的束缚，无所执著，心地空明清净。

〔5〕须弥山王：须弥山为梵文音译，亦译“修述卢”、“须弥楼”、“苏弥卢”等，意译“妙高”、“妙光”、“安明”、“善高”、“善积”等。为古代印度神话中的名山。后为佛教吸收，作为世界的中心。据说山高八万四千由旬，山顶为帝释天，四面山腰为四天王天，周围有七香海、七金山、咸海、四大部洲、铁围山。该山为地面上的最高处，故称之为王，名“须弥山王”。

【译文】

如来佛通过小乘四果设问，使座下众弟子们明白了四果无实、心无得念、无证而证、假名四圣的般若无住道理。对于大乘菩萨道来讲也应如此，得而无得心，作而无作想，一切不住，心清意净。所以，如来佛又对须菩提说：

“你认为如何呢？如来在过去世，身为菩萨时，随本师然灯佛学法习持，那时，如来是否实实在在地得到了什么肯定的法呢？”

须菩提心想，就连小乘之人对其所证之果、所得之法都不执著，何况大乘菩萨？于是立即回答说：“没有，世尊。佛心空万有，菩萨心寂静，清静如虚空，绝虑断纤尘。所以说，如来佛身为菩萨之时，在本师然灯佛那里虽有传授，但绝无得与不得之分，亦无法与非法之别，貌似有得而本性空寂，实无所得。”

如来佛接着又问：“须菩提：法既不得，那在你看来，菩萨是否在如法而修、以法而持，行一切善行，做无数功德以庄严佛国世界呢？”

须菩提回答说：“没有，世尊。为什么呢？法既无实，所用岂真。菩萨修一切善法，以慈悲利众生、以善美饰国土，使佛国庄严美妙，但菩萨已悟般若实相之理，心不住相，无所执著，视一切为虚妄幻有。所以，身行万行而实无所行，普度众生而实无所度，庄严佛土而不见庄严之迹象。因此，所谓的庄严并非真实可辨的庄严，而只是庄严的外在名相罢了。”

佛对须菩提的回答非常满意，便接着他的话说道：“所以，须菩提：诸位菩萨大菩萨们都应当这样，以般若作为观照一切的工具，悟得非实假有、无相无住之理，从而在思想上清除一切外相的束缚，无所执著，心地空明清净。绝不能执著于眼睛可见的大小形状、不同境况、各类颜色等表面现象，也不应执著于耳闻的声音、鼻嗅的气味、舌品的六味、身体的触觉以及意识所感觉和认识的一切事物、一切现象、一切概念，而应当面对一切无所执著，并由此产生无垢无染、无贪无禁、无痴无恼、空寂纯净的心念。

“须菩提：举个例子来说，若有一人，其身体像须弥山那样高大雄伟，在你看来，这个人的身体是不是很大呢？”

须菩提回答说：“非常大，世尊。为什么这样说呢？因为如来佛曾说过，可见之身相并非真实之法身。法身无为，包太虚以无外，含万象而有余，非色法之所收，岂形象之可取。而世俗人所看到的身相，只是虚妄之形、空幻之骸的有为色相。所以，言其大，并非真性法身遍满虚空的真大，不过是相对之大，假名为大身而已。正因为如此，我们同样不能对其产生有住之污染心，而应像佛刚才说的那样无所执著，生清净之心。”

【说明】

上节通过小乘四圣说明四果"实无有法"，虽然证得而"不作是念"。本节则从大乘菩萨道说明悟理而"于法实无所得"，依法起行而不染六尘，心地清净。这一内容同上节一样是对前文"如来所说法皆不可取、不可说，非法、非非法"及"所谓佛法者，即非佛法"的进一步解释。其中"如来在然灯佛所于法实无所得"的释意角度是菩萨仰上从佛受法，属菩萨自行，即自悟佛智，达到自觉；"庄严佛土者即非庄严，是名庄严"的释意角度是菩萨府下普济众生，属菩萨化他行，即修万行，度众生以庄严佛土。从这两个角度来说明大乘菩萨之道的无得无住可达到一叶知秋、以点代全的效果。因为菩萨的含义就是自觉而觉他，菩萨的天职也正是上求无上菩提以自觉，下度无边众生以觉他。本节的两种释意角度正好与此相合，所以说，它足以代表整个菩萨之法无得无作的般若无住法义。

本节的关键内容是第5段："诸菩萨、摩诃萨应如是生清净心：不应住色生心，不应住声、香、味、触、法生心；应无所住而生其心。"色、声、香、味、触、法合称"六尘"，是佛教从人的眼、耳、鼻、舌、身、意"六识"所感觉和认识的角度对世界万有的一种分类方法，它包括了一切事物、现象、境界、特性、概念等。这些都是污染人心的客尘，是需要从心灵深处彻底地打扫干净的。所以下文的"应无所住而生其心"也就是不住于此"六尘"而生其"清净心"。"清"即不浊；"净"即无染。不浊则心无分别；无染则心不住相。妄尽情空，尘消识散，一尘不染，一心不乱即是清净之心。此心是与般若圣智契合无间的，所以也是每一个发趣大乘者的起码标准。经首所问的"发阿耨多罗三藐三菩提心，云何应住，云何降伏其心"至此可以说是找到了比较完美的答案。因为"降伏其心"实即破相去执，背尘合觉；"住"即安住此"清净心"，二者是相辅相成的。当然此前各节经文也都是围绕这一问题而展开，只是到此时才将其明确总结为"生清净心"、不住六尘生心、"应无所住而生其心"。从另一方面来说，"生清净心"也是对前面各节破相去执之义的点睛结穴。因为，前面讲的度生不著人我之相，布施不著六尘之相，见佛不著身相，净信不著我相、法相、非法相，小乘四圣不著果相，以及须菩提不著离欲相，如来前身不著得法相，菩萨不住庄严佛土相，等等，从本质上讲，都是一个净心的问题。只有心净了，一切虚妄之相将不驱而自散，从而妄心不降而自降。"凡所有相"也自然无从可住，从而真心不住而安住。如此才是背尘合觉、去妄归真，方契金刚般若之理趣。

十八罗汉之芭蕉罗汉　伐那婆斯尊者，出家后常在芭蕉树下修行用功。

据说，禅宗六祖慧能年轻时因家贫不识一字，平日以卖柴为生。一天卖柴完毕在一客家听到有人诵经，当听到"应无所住而生其心"这一句时豁然感悟，便问客所诵何经。客人回答说是《金刚经》。后来，慧能辞母离家远投弘忍门下，以

《金刚经》作为心印，在中国佛教史上掀起了一代新潮。这个故事反映了《金刚经》在整个佛经及中国佛教史上的影响，也反映了本段经文在《金刚经》中的显要地位。

还有一处值得我们注意的是第4段中的一句话："庄严佛土者，即非庄严，是名庄严。"这是《金刚经》中一种常见的说法形式。据笔者统计全经中这一格式共有28处，除去重复和间略句也有20处。它比较完整地表述了《金刚经》般若思想的基本特色，在般若思想体系中居于十分重要的地位。其中第一句举出所听闻的、所见到的、所修学的、所成就的、所想到的一切事物、现象、境界、构想、概念等，可总名之为"法"。包括有为法和无为法两部分。其范围大到世界，小到微尘；下有凡夫，上有如来；内有诸心，外有诸相；既有妄见，也有善法；既有色身，也有实相；既有小乘之法，也有无上菩提。兼采博纳，无所不包。第一句是以肯定的面目出现，它是世俗人不明佛教道理而妄自认真的，是污染人心客尘，是障碍解脱的妄见。第二句通过"即非"一词对每一句所列举的"法"的真实性予以否定，亦即经中所说的"无实"、"非法"、"凡所有相皆是虚妄"等。第三句通过"是名"一词对第一句所列举的"法"作出假有的判断，也是对第二句"即非"否定的否定，亦即经文所说的"无虚"、"非非法"、"于法不说断灭相"等。第二句的否定是单一的、片面的，易引生"断灭"性、虚无性。这种极瑞的倾向也是般若学坚决反对的。"是名"一句的意义就在于对这种极端倾向进行了必要的调和，从而最终达到"非实非虚"这一完整看法，亦即其他后出般若经所阐释的"性空假有"。"非实"与"非虚"本来是对立的，只有将二者统一起来，既不落有，也不落空，二边皆离，行于"中道"，才可达到对一切现象背后的"实相"的体悟。此实相即事物之空性，后来佛教又将其称为"真如"、"法性"、"法身"等，并将其与涅槃画等号。其实在《金刚经》中，通过"即非—是名"的双重否定而体悟诸相之实相，也就是达到了佛的境地，也即是最终的解脱。如经中说"若见诸相非相，则见如来"，"离一切诸相，则见诸佛"，这便是"即非—是名"这一般若观照格式的归宿。

撇开"即非—是名"这一格式，我们也可以看到，《金刚经》的全部经文本身就是由两大主题构成的对立统一体。第一个主题顺应世俗认识而讲经说法，引人生信，从而道出许多事物、现象、构想、概念、特性等，透露出肯定的气息。如经中说受持净信《金刚经》并读诵、书写、为人解说等皆可产生无量功德、无边果报；要于《金刚经》产生净信，必须"持戒修福"、"广种善根"、"修一切善法"；经中还讲到菩萨的修行，普度众生；还有经文一开始所叙述的祇园生活、说法场面等。这种肯定性的表达，与"三句话"中的第一句相当。第二主题以般若为武器，直接面对一切，否定一切，对一切耳闻目睹的、感受想象的、构画思考的对象都给予"非"、"无"、"不取"、"离"等否定性判断。在"三句话"中，此相当于"即非"一句。

主题一的肯定一切与主题二的否定一切形成对立，如何把二者统一起来，是建立《金刚经》般若思想体系的关键。般若的特点在于去执、在于否定。第二句"即非"否定了第一句所举之"法"的真实性，但般若并不是单一的否定，"即非"一句缺乏辩证通融之处。只有否定第一句的非实性，又否定第二句的极端性，达到更高一层的否定，即否定之否定，才是金刚般若的理论特色所在。“是名”一句的价值就在于此，它是双重否定的终结，既包含“非实”性，也包含“非虚”性，“非法、非非法”，空、有对立而又统一，即后来所说的“真空”不碍“妙有”。“非实”故不应“取”、“住”，而应离一切尘染，“生清净心”；“非虚”，故不应“断灭”，而应方便起行，“修一切善法”。这就是“金刚般若波罗蜜”的基本特色。

“即非—是名”三句话也可简单概括为“现象，非本体，只是假名”。有人将《金刚经》的这一说法格式作为佛教般若学的一个重要特征，称之为“般若学的三句话”(见《现代佛教学术丛刊》卷45,《般若思想研究》)。日本学者铃木大拙等称此论证格式为“即非”论理学，并给以极高评价，认为远非其他论理辩证者可比(见张曼涛《涅槃思想研究》，大乘文化出版社出版，1981年)。在佛教界，有人将此称为斩绝一切相的“金刚宝剑”(《法音》1991年第9期)。我们可称此格式为“即非—是名”双遣否定法。这是佛教内部出现的一种新的方法论，不同于部派佛教时期的肯定一切(如说一切有部、犊子部)，或否定一切(如方广部)；也不同于既肯定这部分，又否定那一部分(如大众部、法藏部)。它是一方面通过肯定达到否定(第三句针对第一句)，另一方面通过否定达到肯定(第三句对第二句)，左右逢源，层层深入。这种方法的出现，迎来了佛教变革的新时代，成为大乘佛教的理论基础，尤其是大乘中观学派及中国空宗建立其哲学思想体系的基本方法。如著名的“二谛”说即导源于此，其中真谛(第一义谛、胜义谛)与“即非”相应，俗谛与“是名”一句相应。另外，双遣否定法在人类认识史上也具有极为重要的意义，此处就不再赘述了。

【经文】

“须菩提：如恒河[1]中所有沙数，如是沙等恒河。于意云何？是诸恒河沙宁为多不？”

须菩提言：“甚多，世尊。但诸恒河尚多无数，何况其沙！”

“须菩提：我今实言告汝，若有善男子、善女人以七宝满尔所恒河沙数三千大千世界，以用布施，得福多不？”

须菩提言：“甚多，世尊。”

佛告须菩提：“若善男子、善女人于此经中，乃至受持四句偈等，为他人说，而此福德胜前福德。

“复次，须菩提：随说[2]是经，乃至四句偈等，当知此处，一切世间[3]天[4]、人[5]、阿修罗[6]皆应供养[7]，如佛塔庙[8]。何况有人尽能受持、读诵。须菩提，当知是人，成就最上第一希有之法[9]。若是经典所在之处，即为有佛，若尊重弟子[10]。”

【注释】

〔1〕恒河：梵文音译。旧译作“殑伽”、“强加”、“弥伽”、“恒伽”、“恒架”等。意为“由天堂而来”。是印度境内最大的一条河流。佛教视此为“福水”，认为它圣名永存，供众人共享。佛在此时，常到此宣说妙法，并以恒河之沙比喻数量之极。另外，印度教视恒河为圣河，两岸约有1500公里的地方为神圣的朝圣地，并在两旁建筑无数寺庙，教徒常来巡礼、沐浴，或将死者骨灰投入河中，认为可涤除罪恶。

〔2〕随说：“随”，随处随地，随便任何地方。“随说”即不论在任何地方而说。过去，有人将此解释为随顺众生而说，相当于因材施教；有的还解释为人不拣圣凡，义不论前后，文不定多寡，处于拘静闹。这些说法与下句“当知是处”不太相和。查其他译本，流支作“随所有处”；真谛作“随所在处”；笈多作“此中地分”；玄奘作“若地方所”；义净作“若国土中”。可见多数译本皆作为说经的地方、场所。

〔3〕一切世间：“世”意为“迁流”、“破坏”、“覆真”。“间”即：“中间”。“世间”即堕化于此种“世”中间的一切事物，包括众生及与之相对的境界(另外，“间”也有相隔之意。世中事物间隔而为界畔，也称世间，此即指世界，亦即我们今天常说的世间)。“世间”是与涅槃境界相对立的此岸世界，即众生未彻底解脱前的轮回转生之地。佛教将此划分为三界——俗界、色界、无色界(参见前注)。三界之内又分作两类：“有情世间”，指各类众生即天、人、阿修罗、饿鬼、畜生、地狱；“器世间”，指众生居住的场所、环境。这里指“器世间”，即三界各处。

〔4〕〔5〕〔6〕天、人、阿修罗：合称“三善道”、“三善趣”，指六道众生中的前三类。

“天”：又称“天众”、“天人”、“天部”，是三界世间中最高、最优越的众生。一切世间皆有此类众生：(一)欲界的“六欲天”：四天王天(东为持国天、南为增长天、西为广目天、北为多闻天)、忉利天(又名三十三天)、夜摩天、兜率天(弥勒即居此天)、乐变化天、他化自在天。以上六天众皆不离食欲和淫欲。(二)色界四禅天，共十七天，为有宫殿、有形体，但已离食、淫二欲的众生。初禅三天(梵众天、梵辅天、大梵天)，二禅三天(少光天、无量光天、极光净天)，三禅三天(少净天、无量净天、遍净天)，四禅八天(无云天、福生天、广果天、无烦天、无热天、善观天、善见天、色究竟天)。(三)无色界天：既无欲，亦无肉身，惟以“众同分”(使众生得同样果报之因)及命根(相当于寿命)假和合而成的众生。共有四类，即：空无边外天、识无边处天、无所有处天、非想非非想处天。

人：三善道中的中善道，即人类。

阿修罗：梵文音译，略称“修罗”，另译“阿须罗”、“阿须伦”、“阿苏罗”、“阿素罗”、“阿素洛”等。意译“不端正”、“非天”等。三善道中的下善道。原为古印度神话中的一种恶神(因常与天神战斗，后世亦称战场为“修罗场”)。佛教沿用，指因瞋恨心重而转生的一类众生。分三类：福力大者生天道，其次生人道，其下生畜生道。其基本特点是多怒、好战，但不邪淫，而且直道，故而异于魔鬼。

十八罗汉之布袋罗汉　因揭陀尊者，常背一布袋，笑口常开。

〔7〕供养：亦作“供施”、“供给”等。一般指以香花、灯明、饮食、衣服、卧具、汤药及其他各类资财供佛、菩萨及亡灵，也指斋僧尼。有二种、三种、四种、五种、六种、十种等不同说法。二种供养指财物供养和法供养（讲经说法）。三种供养即：利供养（捧香花、饮食等）、敬供养（赞叹恭敬）、行供养（受持修行妙法）。四种供养指饮食、衣服、卧具、汤药。五种供养指涂香、花、烧香、饮食、灯明。六种供养指香水、涂香、花、焚香、饮食、灯明。十种供养指花、香、璎珞、扶香、涂香、烧香、缯盖幢幡、衣服、妓乐、合掌。

〔8〕塔庙：有塔之庙。真谛、笈多、义净三译本音译作“支提”、“支帝”、“制底”。意为积聚，积聚土石而成之，比喻世尊无量之福德积集于此。玄奘意译作“灵庙”。“支提”是印度佛寺的一种。因内有舍利塔，也称“舍利殿”。有的将有舍利的称“塔”，将无舍利的称“支提”。有的则以支提总称塔庙。《法华义疏》卷11说：“依僧祇律，有舍利名塔婆，无舍利名支提。地持云：莫问有无，皆名支提。明了论云：支提，此云净处。”《行事钞》下二曰：“杂心云，有舍利名塔，无者名支提。塔，或名塔婆，或名偷婆。此云冢，亦云方坟。支提云庙，庙者貌也。”依此说，则这里的塔庙应是指“塔婆”和“支提”两类。无论是哪种，都是佛的所在，佛在的象征，是应供养、恭敬、礼拜的地方。这才是经文的真正意思。

〔9〕最上第一希有之法：即阿耨多罗三藐三菩提之法。“阿耨多罗三藐三菩提”意即无上正等正觉，是惟佛具有的至高无上、稀世罕见的圣智。

〔10〕尊重弟子：可尊可重的弟子。

【译文】

如来佛讲述了无得无作、清净生心的般若奥义之后，觉得还应该对此经再做一对比较量，以显示其无敌之胜、无边之福，于是又对须菩提说：

“须菩提：那奔腾不息的恒河，辽阔而又漫长。在这千古长河之中，流水裹带着尘沙，天长日久，那在河床中沉淀的、在河岸边淤积的沙粒便形成了一条绵亘不绝的沙带。想一想，这沙带中的沙子共有多少呢？假如将这条河中的每一粒沙子再化作一条恒河，那么就会有一河之沙数那么多的恒河。如果再把这所有恒河中的所有尘沙加在一起，那沙子是不是极多呢？”

须菩提回答说：“极多，世尊。就是恒河之沙那么多的恒河已是无量无数，何况这无量无数的恒河中的尘沙就更是多得不可胜计了。”

如来佛就此又呼了一声须菩提，说道：“我今天实话问你：如果有善男善女将无数恒河中的所有沙数那么多的大千世界的全部七种宝物拿来布施，这些善男信女由此而获得的福报多不多呢？”

须菩提回答说：“很多，世尊。如此布施而获的福德必定多得难以形容，不可估量。”

如来佛告诉须菩提说：“这种巨大无边的布施所获的福德当然是很多的，但有为的财施再多也不会是无极的，它只能给人以善报而不可能使人最终解脱。如果善男信女对于此经哪怕只信受奉持其中的四句之偈，并为他人解说，从而使自己和他人都能依经悟理，依理获证，成就无上菩提，同登解脱彼岸，那么这些善男信女因此而获的福德要胜过前面所说的无数七宝布施所获的福德。”

如来佛接着又说：“再次，须菩提：凡是讲说此经、甚至只讲解其中四句的地方，都应当视同佛的塔庙一样，恭敬供养。如果有人能全文信受奉持、阅读记诵、须菩提，你应当知道，这个人必将会成就至高无上、稀世罕见的菩提之法，也即将由佛弟子而转入佛如来的境地。所以说，如果这个经典在哪里，哪里就是有佛，也会有可尊可敬的佛弟子。如此则佛、法、僧三宝会归于一处，相融于一经。”

【说明】

《金刚经》中的较量显胜往往是在一段重要说法之后出现。本节前面的两节经文分别阐述了小乘四果证而无有得果之念，菩萨于法亦“实无所得”，庄严佛土，“即非庄严”。这种既无得又无做的说教在般若思想体系中占有相当地位，有人即将此称为“般若学的无所得”与“般若学的无行”(见《般若思想研究》，大乘文化出版社)。本节经文就是在以上两节的基础上，对《金刚经》的价值和作用又作了一次说明。

本节可分为两个部分，第一部分是通过无量无数大千世界的所有七宝布施作为对比，说明受持此经，甚至只受持其中四句并为他人解说所获福德的无边无际。这与前面第一次提到的三千大千世界七宝布施之福的较量，在形式上是一致的。所不同的是，前面只说三千大千世界七宝布施，而此处特别指出是恒河沙数那样多的恒河，沙数般恒河中的所有沙数，如此沙数般的三千大千世界七宝布施。其对比之量较前更大。

如果说第一部分主要针对受持之人而言其福胜，那么第二部分则主要是针对受持之经而释其尊贵。第一部分通过无数大千世界七宝布施作为反差对比，第二部分则通过佛之塔庙等作为比喻说明。具体内容明显地表现在三个方面：一是说经之处，一切世间的天众、人类、阿修罗都应当视如佛的塔庙一样，恭敬供养、虔诚礼拜。二是若有人能全文信受奉持、阅读记诵，则此人必当成就佛道。三是凡是本经所在之处，就是佛在之处，也即是可尊可重的弟子们的所在之处，就是说，法在则佛在、僧在。一体而三宝同在，此为极胜的因缘。第二部分对经典的称赞、尊重也即是对第一部分持经福德极胜的原因的说明。两部分共同构成一节完整的经文。

在前面一节的福胜较量中，经文在宣称受持此经之福胜过三千大千世界布施之福后，也说明了其中的原因。经曰：“何以故？须菩提，一切诸佛及诸佛阿耨多罗三藐三菩提法皆从此经出。”佛教认为，般若是佛法的眼睛，诸佛的母亲，惟有通过般若才可悟得无上妙道，才能超凡入圣并圣之又圣，进趋佛果。而成佛则是大乘佛教的终极，全部修习、行持无不是围绕此极而开展。所以再大的布施之福也不会极过在佛母之处“受胎”成佛。本节经文不但第一部分的福德较量超过前边(如上所述)，而且第二部分福胜原因的说明也较前更深一层。经中说，只要是讲说此经，哪怕只讲其中的四句，那么这一地方就如同有佛的塔庙一样，是佛法身的所在之地，必然会为佛的灵光普照沐浴，加庇护佑。佛教特别强调讲经弘法的作用，本经凡较量持经之福时，常有“为他人说”一句，《华严经》中曾比喻说，暗中之宝无灯照之而不可见，佛法虽慧无人讲说则不能了。前文的较量中也有“为他人说”之内容，但这里已将“为他人说”提高到佛的灵庙这一高度，不但显示了此经之要，也表明了说法之功。对于那些完整受持的人来说，经文讲“当知是人成就最上第一希有之法”。这也就是说，佛典就如同佛母一样，必将赐给他以佛身，使之成为三界六道、超凡四圣之极尊。这其中的含义继承于前文所说“一切诸佛及诸佛阿耨多罗三藐三菩提法皆从此经出”。这里变换了一种说法，便理趣更加明显透彻。另外，本段末句说：“若是经典所在之处，即为有佛，若尊重弟子。”这一说法也是远承于“一切诸佛及诸佛阿耨多罗三藐三菩提法皆从此经出”。只是这里将诸佛与此经的距离更加缩小，关系变得更为直接，成了经在佛必在，悟经即可立地成佛。同时还可看出，这里特别以经为主，甚至连佛也成了说明该经价值的工具。“若尊重弟子”的另一种解释即是，佛对于此经来说就如同弟子一样。可见，这里对经的评价远远超过了前面。

【经文】

尔时，须菩提白佛言：“世尊：当何名此经？我等云何奉持[1]？”

佛告须菩提：“是经名为金刚般若波罗蜜[2]，以是名字，汝当奉持。所以者何？须菩提，佛说般若波罗蜜，即非般若波罗蜜，是名般若波罗蜜。

“须菩提：于意云何？如来有所说法不？”

须菩提白佛言：“世尊，如来无所说。”

“须菩提：于意云何？三千大千世界所有微尘[3]是为多不？”

须菩提言：“甚多，世尊。”

“须菩提：诸微尘，如来说非微尘，是名微尘；如来说世界[4]，非世界，是名世界。

“须菩提：于意云何，可以三十二相[5]见如来不？”

“不也，世尊。不可以三十二相得见如来。何以故？如来说三十二相，即是非相，是名三十二相。”

“须菩提：若有善男子、善女人以恒河沙等〔6〕身命布施〔7〕；若复有人于此经中，乃至受持四句偈等，为他人说，其福甚多〔8〕。”

【注释】

〔1〕奉持：遵奉持守、奉行修持。指领受经义并依之而行，弘通流布。

十八罗汉之长眉罗汉　阿氏多尊者，传说出生时就有两条长眉。

〔2〕金刚般若波罗蜜：“金刚”，金中之刚坚者，西方学者将其意译作“金刚石”。有坚固、光明、锐利三义，分别比喻般若之体坚固不坏，万古常住；般若之相光明普照，无所障碍；般若之用锐利能断一切烦恼。“般若”为梵文音译，意为“智慧”，但非世俗人所具有，乃成佛必须的特殊认识，是佛智、圣智。西方人常将其意译为“彼岸的智慧”(wisdom of the other bank)。“波罗蜜”是梵文音译，意译“度”，即从生死此岸度到涅槃彼岸。“金刚般若波罗蜜”即通过金刚般的般若智慧度脱三界苦海抵达涅槃彼岸。

〔3〕微尘：物质世界最小者为“极微”；七倍极微为“微尘”。如有部认为，“极微”有三位：一是“极微之微”，指色、声、香、味、触“五境”与眼、耳、鼻、舌、身“五根”等“十色”(色即物质现象)的最极微、不可再分者，旧译作“邻虚”，即接近于虚无。二是“色聚之微”，指不能单独而生的“极微之微”聚合而成一物质上的最极微分。三是“微尘”，由“色聚之微”于上下、四方、中心共七微(即七倍)集聚而成。由微尘向上再渐次扩大。七倍微尘为“金尘”(即可以游履于金中间隙者)；七倍金尘为“水尘”(可往来于水中空隙者)；七倍水尘为“兔毛尘”(等于兔毛之端者)；七倍兔毛尘为羊毛尘；七倍羊毛尘为牛毛尘；七倍牛毛尘为隙游尘(自在飞散虚空中的尘)。佛教的微尘概念是从胜论派继承而来的。古印度胜论派哲学认为物质世界是由不同性质的极微组成的。极微即原子，原子就是实体被分割为最小时的一种单位。原子的形状像球体，原子的基本形态是地、水、火、风。

〔4〕世界：也称“世间”。“世”意为迁流，变化，指过去、未来、现在三时之变迁。“界”指东、西、南、北之界畔。“世界”即众生不断轮回转生中所依止的国土。《楞严经》四曰：“世为迁流，界为方位。汝今当知，东西南北、东南西北、上下为界；过去、未来、现在为世。”今天我们所用的“世界”一词即源于此。

〔5〕三十二相：流支、真谛译本作“三十二本人相”，笈多、义净译本作“三十二大丈夫相”。也称“四八相”。指不同凡俗的三十二种相貌特征。具备此相者，在家为轮王(国王)。出家则当成佛。具本说法不太一致。据《大智度论》卷4所说：(1)足下平安立相；(2)足下二轮相(也作“千辐轮相”)，脚心有轮宝(神奇的战车轮)的肉纹；(3)长指相；(4)足跟广平相；(5)手足指缦网相，手足指间如蹼状；(6)手足柔软相；(7)足趺高满相；(8)伊泥延腨相，也称“腨如鹿王相”，即股骨如鹿那样纤好；(9)正立手摩膝相；(10)阴藏相(阴部如马)；(11)身广长相；(12)毛向上相；(13)一孔一毛生相；(14)金色相；(15)丈光相，即身光照

四方各一丈远；(16)细薄皮相；(17)七处(两手、两足、两肩、脖颈)隆满相；(18)两腋下隆满相；(19)上身如狮子相；(20)大直身相；(21)肩圆好相；(22)四十齿相；(23)齿齐相；(24)牙白相；(25)狮子颊相；(26)味中得上味相；(27)大舌相；(28)梵声相(声音清净深远)；(29)真青眼相；(30)牛眼睫相；(31)顶髻相；(32)白毛相(眉间有白毛，平时卷缩，伸开达一丈五。从这里放出的光叫毫光、眉间光)。《无量义经》中所说的三十二相，还有毫相如月旋、净眼如明镜、额广、顶有日光、舌赤如丹果、鼻修、细筋、毛右旋、方口颊等等。

〔6〕等：等同、相等。

〔7〕身命布施：一种布施形式。“身命”，笈多译本作“我身”；玄奘译本作“自体”。即个人的生身性命。将躯体和性命用于布施即“身命布施”，这是佛教各种布施中的最极端的一种形式。隋代“嘉祥大师”吉藏将佛教布施分上、中、下三等。下等指外施，即身体之外的财物布施；上施指法施，即无依无得的布施；中施指内施，即以生身性命进行布施。佛典上讲，释迦牟尼前世无数生中，广行菩萨行，大慈大悲，曾多次以身命布施，如舍身喂虎、割肉饲鹰、捐身作桥等。

〔8〕其福甚多：此句与经文中的前后比较之意不甚合拍。查真谛译本作“此人以是因缘生福多彼无量无数”；笈多译本晦涩，但中有“多过”一词。玄奘译本作“由是因缘所生福聚甚多于前无量无数”；义净译本作“其福胜彼无量无数”。如此，两相比较之意才显分明。

【译文】

听了如来佛对般若无相无住义理多层次多角度的阐释，以及对此经价值与殊胜的多方较量说明之后，须菩提已初领佛旨，便随即请问这一妙典的经名及依经奉行受持的原则，于是又出现了如下的对话。

须菩提对佛说：“世尊，如此神妙的经典，应以何种名称命名它呢？我们这些弟子们应该以怎样的态度和原则去理解、解说、行持呢？”

如来佛告诉须菩提说：“这个经名叫‘金刚般若波罗蜜’，即通过金刚一般坚固、光明、锐利的般若圣智，破除一切烦恼、束缚、消灭一切黑暗、愚痴，折断一切邪知、邪见，从而悟得中道实相，无所执著，寂然清净，由此摆脱六道轮回，渡过三界苦海，进入涅槃解脱境界。在座的各位比丘及未来的善男信女都应当按照经名中所立的这种理趣去深入领会经义真旨，离言忘相，清净生心。之所以要你们这样做，是因为本经所谓通过般若圣智度到彼岸的般若波罗蜜之法，从本体上看，也正如此法所喻示的，只是一堆名言概念，属筏喻之法，是空寂而不真实的。如果认为有一定的智慧可称，有确定的彼岸可到，那就不是般若波罗蜜之法。般若波罗蜜之称只是为了方便引导现在及未来的善男信女们体悟非实假有之真理起见，才权且安立之名。”

为了启发弟子们正确理解经名之意，并依之奉行受持，如来佛又非常耐心地举了几个具体事例以作引导。

佛问：“须菩提：在你看来，如来佛到底讲过经、说过法吗？”

十八罗汉之沉思罗汉　罗怙罗尊者，佛陀十大弟子中，以密行居首。

须菩提面对如来佛，随声答道："世尊，如来佛悲悯众生，化成色身，住世说法，普度群迷。但是真法不可以言传口宣，也不能以文表字诠，何况色身非真，群迷非实，一切皆不可说、不可取。所以，我认为从根本上讲，如来佛还是无所说的。"

如来佛又说："在这辽阔广袤的大千世界之中，有一种极其细小的微尘。这些微尘遍布于世界的各个角落。须菩提，如果把所有这些人们肉眼也无法看到的微尘全部合在一起，你认为多不多呢？

须菩提说："那简直是太多了！世尊。"

"须菩提：上述各类微尘，在如来佛看来都只不过是在一定条件下的暂时聚合，而并不是真实确定的实体，所以，不能错误地认为它们都是实实在在的微尘。因为其有而非实，存而非真，所以将其权且假名为微尘。如来佛经常说起的世界，与微尘也同样是一个道理，即：不是真实的世界，而只是虚假立名的世界。"

如来佛又以佛身为例，问须菩提道："须菩提：你认为如何？是否可以通过如来色身的三十二种殊妙相貌来认识如来佛呢？"

须菩提回答说："不可，世尊。不可以三十二种非凡的外在相貌去认识如来佛。为什么呢？因为，如来佛常说，三十二种相貌特征只是佛的化身相貌，而非真性法身之相。化身非长久，身相亦虚假；法身常清净，湛然无外相。所以说，三十二相只是一种假相。"

举完这些例子后，如来佛说："总之，作为度彼岸的经典、佛法无有实体；作为生死此岸的世界、微尘不真而虚；作为彼岸化身的如来亦无相可求。对于金刚般若波罗蜜，就应该这样去尊奉持行。如此奉行而获的福德是不可估量的。须菩提：举个例子来说，假如有善男信女在其无数次轮回转生过程中，以恒河沙数那么多的次数把自己的身躯生命用来布施；假如另外有人信受行持这个金刚般若波罗蜜经，甚至只受持其中的四句，并为他人讲解弘说，使皆如法受持，以理奉行，转迷成觉，超凡入圣，那么此人因而获得的福要远远超过那些以无数个生身性命进行布施的善男信女们所获得的福。"

【说明】

此节之前的各节经文对金刚般若之法从各个层次、各个角度进行了阐释，并对此经的功用作了无限的称赞，尤其是与该段紧连的那节经文对本经更作了特别的推崇，看来是非宣布经名不可的时候了。

由于此经蕴含的是无相无住、无得无说的特殊之法，经名本身也以法喻角度而立，因此，所宣示的经名不光是依理而无住无取其名的问题，而且它本身也包含着全经的总体理趣，因而也必然有一个如何奉持的问题。所以经首须菩提白佛之言，便是二问齐发——“何名此经”、“云何奉持”。以答释此问为主线，本节经文可分为三个部分，一是宣示经名，二是阐释奉持经名之法，三是说明如法奉持的福德。

“是经名为金刚般若波罗蜜，以是名字，汝当奉持”，就是说“金刚般若波罗蜜”七字，犹如真言、咒语一样，功德无量，应持之不释，诵之不竭。因为，名可以表德诠实，说出一件东西的名字，马上就可想起它的形相、特征、功用；说出一个熟人的名字，就马上会想到他的长相、性格和品德；理解并持诵“金刚般若波罗蜜”也即可体悟全经的义趣，从而御“金刚般若”而“波罗蜜”(度彼岸)。中国民间传说在明朝隆庆年间(1567—1572)，有一位隆陶的妇人因病垂危，这时她见到两个鬼差对她说：“你寿命已到，活着的时候没有做什么善事，所以应当堕落到恶道里去。”话音刚落，她便看到地狱里的各种悲惨状况，于是急忙求丈夫想办法救她。就在慌乱之中，她突然想起街旁寺院里端老和尚每天上午念诵《金刚经》，经文内容记不清了，但经名“金刚般若波罗蜜”七字还记得，于是急忙合掌恭敬，高声念诵起来，不出三遍，所现的地狱相便消失了，接着又见自己身坐七宝莲台往生天上。据说当时还有五色光明从她家里放射出来。

般若类经典起初皆名“般若波罗蜜多”。后来经典多了才给它们分别命名。到《金刚经》时，经中特别提出经名及奉持之法，反映出佛教内部又出现了一种新的倾向，即特别重视经典并由此而特别重视经名。以后佛教的某些学派、宗派皆以某一部或几部经典作为至上法宝而崇拜不已，甚至有的宗派主要就是以经名而得创立的，如日本的日莲宗等。后世中国佛教寺院日常课诵中把专念般若经名作为必修课，亦是对这种传统的继承。

第二部分关于如何奉持的说明，可分为三个层次：其一是直接针对前文宣示经名，并要求“以是名字，汝当奉持”，说明对待本经绝不能执著于名之相、经之言，而应体悟名之义、经之理，因为本经所喻的般若之法是超言绝虑，无为清净的玄秘之法，通常的认识方法是不能悟证其中的真谛的，只有去名执、离言缚、破法相、除尘染才能明心地、见真性、断生灭，如此才是真正的“金刚般若波罗蜜”。道川禅师将此称为“无弦弹出无生乐”，可谓生动而形象。不但本经典，就是如来佛所说的一切法也都是不可名观、不可信听，不可声闻、不可相求的。这一层是针对从此岸渡彼岸的船

十八罗汉之过江罗汉　跋陀罗尊者，过江似蜻蜓点水。

乘即经典与佛法而言的。其二说明众生所依止的境界，大到世界，小到微尘皆是不真不实，有相而非相，仅是虚名安立的假相。这是针对众生轮回转生的此岸世界而言的，佛教将此称为依果、依报，即众生依存的世界国土及其他一切身外之物。第三层说明如来佛法身寂静无为，无形无相，无得无说，常人见到的三十二种相貌只是化身佛虚假不真的形象，众生修行所求证的法身如来是不可实求、不可形观的。这是针对众生修行所求证的彼岸世界而言的。总之，在关于“云何奉持”的问题上，佛以此岸、彼岸及二者的桥梁——经典与佛法为例进行论证，可谓是颇具代表性了。

第三部分讲如法奉持《金刚经》的福德，此前虽已多次提到受持、讲说《金刚经》的福德，但这次较量是在宣布经名及如法奉持的新情况下进行的，所强调的是如法奉持的福德。即只要正确理解“金刚般若波罗蜜”的含义，并依之不住此岸、不住彼岸、不住两岸之间的船乘(即佛法)，那么就可获得比恒河沙数身命布施还要多的福德，文中在持经一方同样使用了“四句偈”的说法，以使这种福德对比较量更加突出。在布施一方，这里不再用大千世界七宝布施之说，而是以恒河沙数那么多的身命布施为例。身命布施是佛教各类有相布施中的极限。佛经中有关舍身喂虎、割肉饲鹰、献身为桥、出让四肢、掏出五脏、献出头颅等身命布施的故事很多。这种自我牺牲的道德行为，体现了佛教的崇高、勇敢、无私、忘我和伟大，也说明了佛教为追求自己的真理而不惜一切和对信仰的极端虔诚。当然这也是佛教万物非实、人我非真、不住一切、毫无牵挂教义的一种具体体现。今天看来，这种身命布施的精神依然放射着灿烂的光芒、充满大无畏的精神气概。但其中的一些盲目因素却必须排除。若把话题再转到本经上，即使身命布施也没有多大价值，因为它仍属有相布施，舍命再多而未能悟理，未悟理则不能达到佛的觉悟。正如我国南朝时一首颂所说：“施命如沙数，人天业转深。既掩菩提相，能障涅槃心。猿猴探水月、莨菪(làng dàng 多年生草本植物，生食令人发狂，眼生花针，即以手拾之，其实无花针)拾花针，爱河浮更没，若海出还沉。”由此可见，信仰是至高无上的，清净生心、无为无住才是最根本的出路。

【经文】

尔时，须菩提闻说是经、深解义趣[1]，涕泪悲泣而白佛言：

“希有[2]，世尊！佛说如是甚深经典。我从昔来，所得慧眼[3]，未曾得闻如是之经。

“世尊：若复有人得闻是经，信心清净[4]，即生[5]实相[6]。当知是人，成就[7]第一希有功德[8]。世尊，是实相者，即是非相，是故如来说名实相。

“世尊：我今得闻如是经典，信解[9]受持，不足为

难。若当来世，后五百岁，其[10]有众生得闻是经，信解受持，是人即为第一希有。何以故？此人无我相、无人相、无众生相、无寿者相。所以者何？我相即是非相、人相、众生相、寿者相即是非相。何以故？离一切诸相，即名诸佛。”

【注释】

〔1〕义趣：“义”同“意”；“趣”即“意义”。指《金刚经》中无相无住、无得无说、非有非无、非实非虚的般若义理。

〔2〕希有：即“稀有”。极少见。前文“希有”指如来佛善于吩咐嘱托诸菩萨。善于关怀爱护诸菩萨。这是任何人也比不上的。故称“希有”。此处指如来佛所说的《金刚般若波罗蜜经》亘古未有，义趣深奥，独一无二。

〔3〕慧眼：“慧”即智慧；“眼”非五官之眼，比喻观照、领悟或某种见地。“慧眼”即通过智慧观照对象的能力或认识方法。《大乘义章》卷20曰：“言慧眼者，观达名慧，慧能照瞩，故名慧眼。”下文提到“五眼”(肉眼、天眼、慧眼、法眼、佛眼)，此即为一。慧眼有大小乘之区别。小乘慧眼即所谓声闻智慧，仅限于小乘的智慧观照之力，是阿罗汉的见地。由此慧眼只可达“人我空”，仅能破“人我执”。大乘慧眼即菩萨的智慧，不但照见我空，还照见法空，甚至空相亦空。《思益经》卷3说：“慧眼为见何法？答言：若有所见，不名慧眼。慧眼不见有为法，不见无为法。”真谛译本与玄奘、义净译本在此作“圣慧”或“智”，其意与慧眼相同，皆指佛教的一种认识程度。

〔4〕信心清净：其他五种译本皆无此句。罗什译本加此使经文更明确，条理与逻辑均更为通顺。此句意为产生虔诚的信仰并因此而达到心地清净无染，也可说是所产生的信仰之心是离一切外相而清净无染的。具体含义指以般若圣智观照一切，但见非实假有，诸相非相，从而离相无住，去污净心。由此才可达到下句的“则生实相”。

〔5〕生：即证得、悟得。般若学讲不生不灭，一切本来寂静。凡有所生即为邪知邪见；心有所生，即为著相；著相则非清净之心。如此则与前句“信心清净”不符，也与下文“生”的对象即“实相”不合，因为经中说“是实相者，则是非相，是故如来说名实相”。这种实相是本来具有的，故不得生；是寂而无相的，故不得生。只有拂去尘染。破除执著，使生清净。“实相”即自然现前。犹如拨去乌云见月亮，拭去镜尘显真像。

〔6〕实相：真实相状。“实”即真实不虚、空寂无相；“相”即相状及于心所观之特性。“实相”即是无相，即是不生不灭、无形无象、非实非虚，是非实之实，非相之相。大乘佛教般若学以此作为此岸及彼岸一切事物、现象、境界等的本性和本体。与真如、涅槃、性空、法性、法身、无相、无性、非相、真性、实际、实性、无为、真空、真谛等词意义相同，仅侧重与角度不同而名称互异。如就其为万有之体性而言，则名“法性”；就其本体真实常住之义而言，则名“真如”；就此真实常住为一切之实相而言，则名“实相”；就此境界非实空寂而言，则名“空性”；就其无生无灭、无形无象而言，则名“无为”；就其为佛之真性而方，名之为“法身”；就其为解脱之境而方，则名“涅槃”，亦即

本经中所讲的证成佛身。如此处经文所讲的“得闻是经，信心清净，则生实相，当知是人。成就第一希有功德”；“离一切诸相，即名诸佛”；也即前文所讲的“若见诸相非相，即见如来”。

除罗什、流支译本外，其他译本此处均作“实想”。二者意思相近。“实相”即真实之相。亦即对“实相”的观想，含义是心中无任何观想、任何概念，绝对清净，即是对事物真实的认识。这是通过心识说明真实的。所强调的是这种真实是悟之于心的。离开心识的作用，也就无所谓事物的真实之性，亦即空性。“实相”，则是直接说明真实，所强调的是事物之实际本来如此，它独立于心识之外，心识不能取住于它，如经文所说的“应无所住而生其心”,“是实相者，即是非相”。这种实相实质上是无相、是空、是无。所以说“实想”与“实相”两种译法意义相同，侧重不同，其区别可能是所据梵本的不同，但更可能是宗派的不同。因为罗什、玄奘各自作为三论宗、唯识宗的鼻祖，前者讲当体即空，后者讲唯识故空，亦在情理之中，此不赘述。

〔7〕成说：动词。指证得某种果位。

〔8〕第一希有功德：“第一”即至高无上；“希有”即稀奇少有，独一无二；“功德”有两种含义:(一)修功之所得。(二)“功”者为福利之功能，此功能为善行之德，故名“功德”。此处意为前者,“第一希有功德”即成就佛果、进入无余涅槃之境，这昌其他功修和其他成就都无法比拟的，是至极之果，故名。

〔9〕信解：相信并理解，即初信乐佛法，次了解佛法。佛教将从皈信到证果作为一期，共四个阶段。此为前两个阶段。后两个阶段为行(即依其法而修其行)和证(证得其果)。

〔10〕其：句中语气词，表示揣测、疑问。

【译文】

此次般若法会进行到这时，如来佛已将金刚般若波罗蜜的根本法义和甚深旨趣层层铺开，条条申明，并充分发挥，多方证实，反复较量，极力推崇。须菩提经佛如此苦口婆心，不断开导，至此总算是深刻领会了此经的精妙义趣。这位以“解空第一”而称名于众弟子中的阿罗汉，从前也只不过是证得人我之空。今天听佛这么一说，才又明白了法空之理，甚至连空也是不能执著的。经中所阐释的破一切相、离一切取的金刚般若之法是一种全新的、前所未闻的学说，是真正导人解脱，证达佛果的无上之道。须菩提有幸随佛，亲聆教诲，怎能不激动万分、感慨不已呢？只见他悲喜交加、泪流满面，泣声而对如来佛说道：

“真是难得啊，世尊！如来佛今天给我们在座的弟子们宣讲了这么深奥的经典。说句实话，我自从昔日随佛学法直至证得声闻智慧以来，还从未听到过这样的经典。世尊：如果有人听闻此经以后，能产生虔诚的信仰，并依经中之理趣悟得一切非实假有，从而远离一切分别和观念，心无所住、离无所取，那么此人即可悟得一切外相背后那非实非虚的中道产相。我们应当知道，此人信心清净而悟实相，也就成就了第一希有的功德。因为，实相即是佛的法身本性，悟得此性即与佛为一，即为证成佛果。当然了，世尊，这种实相就是非相，就是无相，本自无为，本性圆明，湛然清净，无形无象。所以，如来佛说的实相，只是假名的实相，而不是真正的实相，真正的实相是不可用语言来表达，不可用理性去思维的。

"世尊：我今天身临祇园，坐在佛旁，亲闻说法，当机问疑，经您耐心诱导，多方说明，所以，信乐此经，理解法义。并随之领受、行持是不会有什么困难的。如果在未来之世，即佛灭后500年，有那么一批众生听闻此经后也能生信，理解并领受、行持，那么，这些人便是最为可贵的，他们的福德与智慧也是一般人所没有的。为什么这样说呢？因为，这些人没有对自我相状的执著，没有对他人相状的执著，没有对众生相状的执著，没有对寿命相状的执著。他们之所以不执著于这四种相状，是因为他们闻此经典而信解受持，懂得了自我之相实质上是虚假之相，而非真实可取之相；他人之相、众生之相、寿者之相也都是幻想，而非真实可取之相。一切相皆不真实，皆不能执著。不执著一切相状，使为尘染所覆的本来真性得以显现，就是成了佛。因为诸佛的本性就是万有的本性，也就是众生本来具有的真性。"

【说明】

本节经文是须菩提在听闻佛说无相无住义理告一段落并宣布经名，示弟子如法受持之后的一段表白领会之语。宏观上看，这节经文还属于称赞经典及受持之福，但其中却包含着一些重要的观点，蕴藏着一定的理论深度，从而使《金刚经》的般若思想更加完善、更加丰富。

本节可分为三个部分。第1、2段属第一部分，中心内容是叙述须菩提闻法之后，耳目为之一新，于悲喜交加之中发出由衷的慨叹。这一段经文是紧随全经脉络的。此前，经文以如来佛与须菩提的问答对话形式将"金刚般若"之法层层展开、条条论证，真是峰回路转、曲径通幽，为座下弟子们转出了稀奇奥玄的"法轮"：度生而实无众生可度，布施而不住布施之相，见佛而不见其身相，说法而实无佛法可说，听法而实无妙法可取，得福而实非福德本性，证果而无果可得，离欲而无离欲之念，得法而于法实无所得，庄严佛土而不见庄严之举，眼观大身而不见其大，宇内微尘实非微尘，大千世界实非世界。既断我相，又断法相；既断法相，又断非法相，是法而非法，非法而非非法。于人不得取自我、他人、众生、寿者"四相"；于境不得住色、声、香、味、触、法"六尘"，如此而离一切"相"，离一切"取"，离一切"著"，离一切"念"，离一切"说"，离一切"得"，离一切"见"，离一切"法"，离一切"心"，离一切"名"，离一切"作"，离一切"行"，像这样远离一切自身所感觉和意识的对象，消灭对自身、自身行为及与自身相对立之一切现象的感觉和意识，从而一念间生纯净之信，悟金刚般若之智，证无上菩提之法，使心地明澈透亮，如来法身充满，如此实现金刚般若波罗蜜之道。可见此前经文已对金刚般若作了极为充分的说明，构成了一个相对完整的体系，加之此节又正式宣布经名，并示受持之法，所以这里才出现了须菩提带有一定小结意义的慨叹、领解之词。

十八罗汉之欢喜罗汉　迦诺伐蹉尊者，原是古印度一位雄辩家。

从另一个角度来看，须菩提之所以会“涕泪悲泣”，也正是因为前面经文所阐释的金刚般若之法立论新奇、义趣深邃，法旨宏阔，引人入胜。这对一个多少年来一直习惯于小乘我空而法有的声闻罗汉来说，可谓耳目一新，感触非浅。此时的须菩提惊、喜、悲、愿各种感情交织在一起。震惊的是此经将过去奉为权威的诸法实有理论变成诸法非实假有理论，过去一直在追求的目标及为此而起的一切修行也都成了不可说、不可取、不可得，既非有又非无的东西。喜悦的是作为小乘学者今天有幸“闻说是经，深解义趣”，从而弃小适大，离有趋空，脱胎换骨，又从小乘罗汉变成自觉而又觉他的大乘菩萨，由此可望进趋小乘之徒连想也不敢想的至高果位——佛果。说须菩提此时又十分悲伤，那是对过去从未听闻如此经典的懊恼、对昔日邪见缠身的悲痛和后悔。与以上三种情绪相伴而来的是内心深处的急切愿望，即愿当今之人和后来之人都能“得闻是经、信心清净”、“信解受持”。总之各种感情涌上心头，使这位大弟子当众涕泪交流，百感交集。道川禅师释此时曾作一颂曰：“自小年来惯远方，几回衡岳渡潇湘。一朝踏著家乡路，始觉途中日月长。”这里将趋归金刚般若喻为“踏著家乡路”，而用自小出外来比喻一直修习小乘，形象地说明了皈信般若之后的心境。

正是在以上情况下，须菩提开口赞叹此经“希有”、“甚深”，亘古未闻。此中有一句话提供给我们一个意外的信息。须菩提说：“我从昔来，所得慧眼，未曾得闻如是之经。”“昔来”即随释迦牟尼学法以来；“慧眼”即观照事物本体的认识能力；“如是之经”即像《金刚经》这样的般若类经典。这样的经典自弟子学法以来从未有过，即使过去曾获得“慧眼”，号称“解空第一”，也未闻如此关于一切皆幻、一切皆不可住的深奥经典。这暗示我们，般若经此前从未有过，《金刚经》的出现，在这类经典中还是第一次。结合其他方面因素的分析，笔者认为《金刚经》的确是在所有般若类经典中最早出现的。

本节经文的第二部分(即第3自然段)是《金刚经》中关于“实相涅槃”理论的最完整的表述。经中说：“若复有人得闻是经，信心清静，即生实相。当知是人成就第一希有功德。”这里包含三层依次渐进的内容，首先是闻经而“信心清净”，即信仰大乘般若法门并以般若作为观照万法的工具，悟见一切非实假有，一切不可执著，从而扫除尘染，心清意净。此中包括了佛教一期(即从信仰到理解再到行持最后证果这一完整过程)中的前三个阶段。其次是以“信心清净”为前提而出现的“即生实相”，即悟得一切虚幻之相背后的真如实相。此实相是寂然不动、无形无象、神秘莫测的一种本体，代表了此岸世界和彼岸世界一切事物、现象、构想、境界、概念等的共同本质和同一真性。第三层意思是因为“生实相”而“成就第一希有功德”，即成就至高无上的佛果位。成佛即是解脱，即是进入涅槃。悟得一切之真相，就是进入了涅槃，这正是实相涅槃理论的核心。此岸与彼岸在同一“实相”之下得到了统一，世间与涅槃的界线消失了，这与不入涅槃，留住世间、大慈大悲、普度众生，具有入世意义的大乘佛教菩萨理论是相互呼应的。经文紧接着又遣除人们对“实相”的执著，指出此实相并非有相；说无相，又可名之为相。道川颂曰：“远观山有色，近听水无声。春去花犹在，人来鸟不惊。”实相犹如山川大地，从一个角度看有，从另一个角度看又无；犹如春天虽已过去，而花尚在，所以又不能说这不是春天；犹如行人，说其已来，而鸟却不惊，所以又不能说其真来。

第三部分即第4段经文，称赞未来之世能信解受持《金刚经》的人，并且提出这些人之所以是“第一希有”，是因为他们无自我的相状、他人的相状、众生的相状、寿命的相状；而之所以没有如此四相，是因为四相皆是虚妄，皆非真实之相；再进一步，之所以不住非真之四相，是因为他们都以成佛为最高解脱，而诸佛的本性是无相的，只有离一切相，才可称之为佛。这样前边的“第一希有”与后边的“即名诸佛”便统一了起来，从而表明此段的核心内容，即未来之世，凡信解受持此经者即可成佛。这与第二部分的意思是一样的，只是前面说现在信者，后边说未来信者，这种说教在此处反映了须菩提对《金刚经》的极力推崇和劝人信受的急切心情。此前，凡说此经功德皆出自如来佛之口，此时由于须菩提已“深解义趣”，所以，便从他的口中道出了此类赞颂之词。

【经文】

佛告须菩提：“如是，如是。若复有人得闻是经，不惊、不怖、不畏，当知是人甚为希有。何以故？须菩提，如来说第一波罗蜜[1]，即非第一波罗蜜，是名第一波罗蜜。须菩提：忍辱波罗蜜[2]，如来说非忍辱波罗蜜，是名忍辱波罗蜜。何以故？须菩提，如我昔为歌利王[3]割截身体，我于尔时无我相、无人相、无众生相、无寿者相，何以故？我于往昔节节支解时，若有我相、人相、众生相、寿者相，应生嗔恨[4]。须菩提，又念过去于五百世[5]作忍辱仙人[6]，于尔所世[7]无我相、无人相、无众生相、无寿者相。

“是故，须菩提，菩萨应离一切相发阿耨多罗三藐三菩提心。不应住色生心，不应住声、香、味、触、法生心；应生无所住心[8]。若心有住，即为非住[9]。是故，

佛说菩萨心不应住色布施。须菩提，菩萨为利益一切众生故，应如是布施。如来说一切诸相，即是非相；又说一切众生，即非众生。

“须菩提：如来是真语者〔10〕、实语者〔11〕、如语者〔12〕、不诳语者〔13〕、不异语者〔14〕。须菩提，如来所得法，此法无实无虚〔15〕。须菩提，若菩萨心住于法而行布施，如人入暗，即无所见；若菩萨心不住法而行布施，如人有目，日光明照，见种种色。”

【注释】

〔1〕第一波罗蜜：玄奘、义净译作“最胜波罗蜜多”。笈多译作“最胜彼岸到”。即般若波罗蜜。般若为六种“波罗蜜”的核心。《大智度论》中说，般若为导，五度为伴；若无般若，五度如盲。故般若波罗蜜即“第一波罗蜜”。也有人认为“第一波罗蜜”指六波罗蜜中第一个即“布施波罗蜜”。但玄奘译本明确说道：“如来说最胜波罗蜜多，谓般若波罗蜜多。”

〔2〕忍辱波罗蜜：六波罗蜜之一，指“心不动”，从而忍受一切苦难和耻辱。即菩萨为利益一切众生要忍受不可忍受的事，即使赴汤蹈火也决不生恨，凡修此忍辱行，眼不见一切人过错、恶行。冤亲平等，无是无非，即使被他人打骂残害也欢喜迎受，倍加恭敬。若被人毁谤，也应视之如饮甘露，心自清凉，不生烦恼。根据忍辱波罗蜜法，佛家倡导慈悲处世，温和待人，善顺接物，如果他人以恶声厉色对己，应视之无有相干；如果他人诽谤毁辱，但应退步自照，视之与己无嫌，总之，一切不与较量，亦不怀恨，如此既久，魔孽自消，功德自满。由于忍辱可防一切外障，故也将忍辱之心称“忍辱衣”。以后“忍辱衣”便成为佛教袈裟的总名。

〔3〕歌利王：古印度波罗奈国国王，亦译作“迦罗富”、“迦陵迦”、“羯利”等，意译“恶王”，犹中国所说的昏君、暴君。此人暴虐无道，好行惨毒之事。据佛典记载，释迦前世作菩萨，修忍辱行，在山中打坐。歌利王率众多宫女上山游乐。歌利王休息时睡着了，宫女们自行采花，碰见了菩萨并围观搭话，打闹嬉笑。菩萨为断其贪欲而为之说法。这时王醒，见状以为菩萨勾引他的美女，便责问以何幻术诱其美女。菩萨回答说他持净戒，久无染心。王问其是否得阿罗汉果，菩萨答：不得。王又问其是否得不还果。仍答不得。王便说，你今年少，既未得果，则必有贪欲。菩萨说，他实无贪欲。王说，仙人服气食果者，见色尚贪，况汝盛年。菩萨说，见色不贪不因服气食果，皆由无相无住，毫无分别。王问何为戒，答曰忍为戒。王即以剑断其手足鼻耳，并问其忍否。菩萨答：即使大王将他碎成微尘也可忍受，毫不生恨。这时，群臣劝谏，王怒不息。忽然四天王雨金刚砂，王见而恐怖。这时菩萨发愿来世成佛后，第一个先度歌利王。此即释迦佛的第一个弟子憍陈如。

〔4〕嗔恨：“嗔”常写作“瞋”。发怒、生气。“瞋恨”即愤怒，恼火、仇恨，凶恶及损害他人的心理和情绪，它能使身心热恼，起诸恶业。常称作“瞋恚”。简称“瞋”。也称“瞋火”、“瞋心”、“瞋毒”、“瞋恚火”等。为佛教“三毒”之一。三毒指各种烦恼中

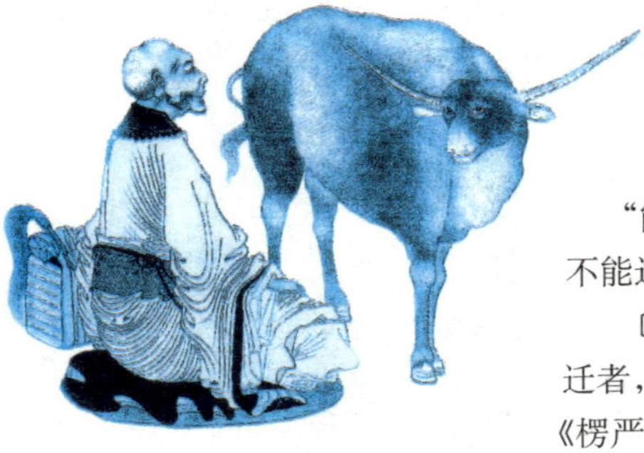

十八罗汉之静坐罗汉　诺距罗尊者，又为大力罗汉，因过去乃武士出身，故力大无穷。

最能毒害众生，并成为产生其他烦恼的三种根本烦恼，即贪、瞋、痴。也称“三不善根”。《大乘义章》卷5说：“然此三毒，通摄一切烦恼。”《别译杂阿含经》卷11说：“能生贪欲、瞋恚、愚痴，常为如斯三毒所缠，不能远离，获得解脱。”

〔5〕五百世：“世”有两义。一指可破毁者，变迁者，有生灭者。此“世”即世俗之意；一指迁流。《楞严经》说：“世为迁流……过去、未来、现在为世。”此“世”即“时”的异名。这里的“世”即属第二类含义。指释迦前世各生每一生即一世，共五百次转生而成的五百生，故称“五百世”。所以，这里的“世”亦即一生的意思。真谛、笈多和玄奘译本即作“五百生”。

〔6〕忍辱仙人：“仙人”即长生不死者。佛法身常在，寿命无边，故亦称仙，释迦在前生五百世中修忍辱行。难忍能忍而忍一切辱，毫无瞋恨，故称“忍辱仙人”。

〔7〕尔所世：即前句“五百世”。玄奘译作“尔时”。

〔8〕无所住心：不执著于一切相的心地，亦即上文所说的“清净心”、“信心清净”、“应无所住而生其心”。既无所住故是空寂之心。无心之心。但又非绝对虚无，因为此心一生，即可生实相，生实相即证成佛身、进入涅槃。所以“无所住心”亦即“阿耨多罗三藐三菩提心”。是《金刚经》般若思想的关键。唐代永嘉元觉禅师有一颂可以说明“无所住心”的含义，颂曰：“恰恰用心时，恰恰无心用。无心恰恰用，常用恰恰无。”

〔9〕非住：非所应住。般若学讲离一切相而无所住。若有所住，则必著相。著相则心地不净，心地不净则必生烦恼，有烦恼则不得解脱。这与上文“离一切相”相违，也与经初所说的“但应如所教住”相反。心若有住，便不是“离一切相”，便不是“如所教住”。便不是“应无所住”。便不是无住之住，故曰“非住”。

〔10〕〔11〕〔12〕〔13〕〔14〕真语者、实语者、如语者、不诳语者、不异语者：表示如来佛说法言语确凿、义理真实、最足崇信、不必惊畏的五种根据和五种特性。真而非假谓之真语、实而不虚谓之实语，如其亲证谓之如语；不诳惑于人谓之不诳语；言有千差，理归一致谓之不异语。

〔15〕无实无虚：表示佛所得法的基本特性。“无实”指法体空寂，无相无形。“无虚”指法性非无，妙用无边。说其实，无形可观，无相可得；说其虚，内有无量功德，用而不竭。所以，不可言有，不可言无；有而不有，无而不无，言词不能及，形象不能摄。只有离相修行，才可悟达此法。道川禅师将此喻为水中咸味，色里胶青，并颂曰：“硬似铁软如酥，看时有觅还无。虽然步步常相守，要且无人识得渠。”

【译文】

听完须菩提的赞叹述解，如来佛连声说道：“是这样，是这样。如果有人听闻此经之后，欢喜领受，绝不惊疑；沉思静悟，毫不恐怖；勇猛精进，毫无畏惧，当知此人是非常可贵的。为什么呢？因为此经阐述的般若波罗蜜之法是各种波罗蜜中最主要和第一位的。须菩提：如来佛所说的第一波罗蜜正像它本身所阐明的无相无住之理一样，也是无有实体、本性寂静、不可执著的。说其是第一波罗蜜是从方便世俗人理解出发而虚立的假名。须菩提，正如你刚才说的，未来之世听闻此经而信受不疑的人的确是第一希有的，因为他们没有我相、人相、众生相、寿命相。你理解得很对，他们如果离开一切相，那与诸佛就没有什么两样了。以我昔日的忍辱行为例，那时我就是离一切相的，今天我成佛实赖前世的离相修行。须菩提，说到忍辱，你应知道，所谓忍辱波罗蜜，在如来佛看来并非真实可取、有相可著的忍辱波罗蜜，而只是假名而立的忍辱波罗蜜。这种波罗蜜必须以般若为导，以无相无住为根基才能发挥作用。须菩提，记得我昔日修忍辱行时，常在山中坐禅。一天，歌利王率众多宫女上山游览，对我产生了误解，便以剑宰割我的身体。那时，我没有我相、人相、众生相、寿命相。何以为证呢？我如果有我相、人相、众生相、寿命相，那我被节节支解时，必然会产生仇恨、恼火和愤怒，而我没有，反而心平气和地告诉大王，即使他将我大卸八块、碎成微尘，我依然可以忍受。那时，我还对大王产生了怜悯和爱念之情，并发誓成佛以后首先救度大王。须菩提：在过去整整五百世的前生中，我修忍辱行，能忍天下难忍之辱，能息天下难息之恨，成为一个忍辱仙人。在那些岁月里，我已完全摆脱了对自我、他人、众生、寿命的执著与分别，无一切相，离一切住，逍遥自在，无拘无束。”

说到这儿，如来佛随机引申、揭示真理，告诉须菩提道：“从以上所说来看，菩萨若要发愿追求无上圣智，证成佛果，就必须在远离一切相、消除一切住的情况下发此愿心，绝不应执著于可见之形象、状貌、颜色而生起其心；绝不应在执著于耳闻之声、鼻嗅之香、舌品之味、身触之觉及意识所感觉认识的一切对象的情况下去生起其心；应生其无所执著之心，如果心中有所执著，则绝非其应住之所；如果心中无所执著，那才是应住之处，即住于无住，无住而住。所以如来佛要求菩萨之心应不执著于事物外在的各类形象，大小状貌、不同色彩等，在摆脱这一切分别计度、心澈无尘之后再去进行布施。须菩提：为了利益一切众生，菩萨应该这样布施。请注意，刚才如来佛提到的一切相，实际上都是空无一物的假相，而不是真实可取的相；所说的众生，从本质上讲也只是虚假因素的临时聚合，并非真正的众生。”

为了使听法者都能闻佛所说而不惊疑、不恐怖、不畏惧，如法受持、依理悟道，如来佛接着又说：“须菩提：如来佛是讲真话者、讲实话者、是言之有据者、不说谎话者、不说不一致话者。须菩提，如来佛所证之法和所说之法，虽说是没有实体，但绝非虚妄。它是一种微妙之法，说其实，无形可观，无相可得；说其虚，内有无量功德，用而不竭，依之可悟明真理，证成佛身，进达涅槃彼岸。所以你们不能有丝毫畏惧、疑惑之情，应欢喜领受，持修不怠，离相而修，无住而住。须菩提，打个比方来说，如果菩萨不信受如来佛所得之法，心住于此岸和彼岸的一切事物、现象、境界、概念，著于一切可见的与不可见的，可说的与不可说的，并由此而去进行布施，那就像人进入黑暗的地方而毫无所见。如要菩萨信受如来所得之法，心不著于这一切而进行布施，那就像人有明澈的双眼，在阳光的照耀之下，可以清晰地见到事物的一切状貌。”

【说明】

这节经文是如来佛对须菩提的赞叹与述解(上节经文)的肯定和进一步发挥、说明。可分为三个部分。第一部分即第1段，是如来佛对上节须菩提述解的印证。以相叠的两个“如是”开头，以相继的三个“何以故”引起层层深入的论证。其中所包含的理论新意主要表现在对般若波罗蜜与其他波罗蜜尤其是忍辱波罗蜜的关系的阐述上。经中把般若波罗蜜放在六波罗蜜中的第一位，认为它是最重要的，最根本的，其他波罗蜜只有在般若波罗蜜的基础上，才可称之为波罗蜜。以忍辱波罗蜜为例，如果不以般若波罗蜜为指导，远离我相、人相、众生相、寿者相，那忍辱就不会成行，反而会产生恼恨，为烦恼所缚。如经中说：“我于往昔节节支解时，若有我相、人相、众生相、寿者相，应生嗔恨。”正因为“我”彻底领悟了般若波罗蜜，远离一切相，故而成为“忍辱仙人”。关于般若在诸波罗蜜中的作用，前面及后面的经文在讲到布施时也有透露，如前面的经文说：“菩萨于法应无所住行于布施，所谓不住色布施，不住声、香、味、触、法布施。须菩提，菩萨应如是布施，不住于相。”“菩萨无住相布施，福德亦复如是不可思量。”再如下文中说：“佛说菩萨心不应住色布施”；“若菩萨心不住法而行布施，如人有目，日光明照，见种种色。”所有这些说明，布施作为波罗蜜之一，必须以般若为指导，离相无住，如此布施才可获得不可思量福德，也就是说，才会真正成为布施波罗蜜。

第二部分即第2段，是如来佛的随机引申和正面揭示，从内容来看也可说是对经首须菩提所请之问的集中回答，其中所包含的义理教义为《金刚经》最核心的部分。经中所说的“菩萨应离一切相发阿耨多罗三藐三菩提心”指出了发愿求无上圣智的前题——“离一切相”。前面的经文已说明了离相的原因(“凡所有相皆是虚妄”、“如来所说法，皆不可取、不可说，非法、非非法”，以及其他“即非—是名”句式)；也说明了离相的途径(“一念生净

十八罗汉之开心罗汉　戍博迦尊者，曾袒露其心，使人觉知佛于心中。

信”、“受持读诵”、“为他人说”、“不作是念”、“信心清净，即生实相”、“信解受持”等）；还说明了离相的意义（“福德不可思量”、“即见如来”、“即生实相”、“成就第一希有功德”、“即名诸佛”）。这里则只谈“离一切相”，它既是发心求无上圣智的前提，也是发此无上之心的根本途径和主要标志。经中所说的“不应住色生心，不应住声、香、味、触、法生心”是对经首“云何降伏其心”的回答。当然降伏妄心不光要降伏其对“六尘”的执著，还要降伏其对我、人、众生、寿者“四相”的取住。经中说的“应生无所住心”是对经首“云何应住”的回答，即安住真心就是使心无所住而住。经中说的“若心有住，即为非住”是对降伏妄心、安住真心二者关系的说明，若心有所住，则是妄心生起，非其应住之所，故必须降伏之；反之，若心无所住，则是真心生起，为其应住之处，即无住之真住。

第三部分即第3段，主要是劝人生信，分三个层次：一是通过说法者所具备的五种说法品德（“真语者、实语者、如语者、不诳语者、不异语者”）来说明以上所说之法言语确凿、义理真实、足以崇信、不必惊畏。二是通过如来佛所得之法的“无虚”性来说明法还是要学、理还是要悟；不能因为一切（包括佛法在内）的“无实”性而否定佛法妙用的存在。三是通过信法之人的“暗”与“明”的对照比喻，来说明信受上述般若之法并依其义理行持的益处。

另外本节经文中所说的“若复有人得闻是经，不惊、不怖、不畏，当知是人甚为希有”，从侧面又为我们提供了当时印度佛教形势的一点线索。那时，大乘佛教刚刚兴起，般若类经典作为一种全新的东西在以法有理论为基础的小乘佛教占统治地位的情况下，处境是十分艰难的。该经只讲般若，只讲无相无住，把如此信受持行看作解脱的惟一途径，不但否定了小乘佛教的“法有”理论，而且抛弃了小乘佛教许多烦琐的修持程序。小乘论师们对此极为反感，生怕动摇了佛教的正统基础。那些习惯于传统佛法的人将新的说教视为洪水猛兽，甚至称大乘法师为魔鬼，攻击般若学为“空见外道”。由此可知，得闻此经不惊、不怖、不畏的确是十分稀有的。这种情况在《大品般若》中反映更多。

【经文】

“须菩提：当来之世[1]，若有善男子、善女人能于此经受持读诵，即为如来以佛智慧悉知是人、悉见是人，皆得成就无量无边功德。

“须菩提：若有善男子、善女人，初日分[2]以恒河沙等身布施；中日分[3]复以恒河沙等身布施；后日分[4]亦以恒河沙等身布施，如是无量百千万亿劫[5]以身布施。若复有人闻此经典，信心不逆[6]，其福胜彼，何况书写、受持、读诵、为人解说。

“须菩提：以要言之，是经有不可思议、不可称量、无边功德。如来为发大乘者[7]说，为发最上乘者[8]说。若有人能受持读诵、广为人说，如来悉知是人、悉见是人皆得成就不可量、不可称、无有边、不可思议功德。如是人等即为荷担如来阿耨多罗三藐三菩提。何以故？须菩提，若乐小法者[9]，著我见、人见、众生见、寿者见[10]，则于此经不能听受诵读、为人解说。

“须菩提：在在处处若有此经，一切世间天、人、阿修罗所应供养。当知此处，即为是是[11]，皆应恭敬，作礼围绕[12]，以诸华香[13]而散其处。

“复次，须菩提，若善男子、善女人受持读诵此经，若为人轻贱，是人先世[14]罪业[15]，应堕恶道[16]。以今世人轻贱故，先世罪业即为消灭，当得阿耨多罗三藐三菩提。

“须菩提：我念过去无量阿僧祇[17]劫，于然灯佛前，得值八百四千万亿那由他[18]诸佛，悉皆供养承事，无空过者。若复有人于后末世[19]，能受持读诵此经，所得功德，于我所供养诸佛功德，百分不及一，千、万、亿分，乃至算数、譬喻所不能及。

“须菩提，若善男子、善女人于后末世，有受持读诵此经，所得功德，我若具[20]说者，或有人闻，心即狂乱[21]，狐疑[22]不信。须菩提，当知是经义不可思议，果报[23]亦不可思议。”

【注释】

〔1〕当来之世：即上文所说：“如来灭后，后五百岁”。佛教称此为恶浊之世，邪法竞起，正法难行。

〔2〕〔3〕〔4〕初日分、中日分、后日分：一日之三时。分别指早晨、中午、傍晚。

〔5〕劫：梵文音译之略。全称“劫波”、“劫簸”。古印度表示时间的单位，意为极其久远的时间。源于婆罗门教，指世界存在的一个周期。一说一劫等于大梵天一个白天，相当于人间的43亿2千万年。劫末，世界为火所毁，然后重新创世。另一说认为一劫分为四时(圆满时、三分时、二分时、争斗时)。合起来约为432万年。现在即处在开始于前3102年2月17日至18日午夜时分的第四时。此时人的道德与体质越来越坏。你争我斗，最终世界毁灭。佛教沿用婆罗门教这一名词，但与原意不同。佛教的“劫”一般分为大劫、中

劫、小劫三类。佛教认为，世上人的寿命有增有减。自10岁开始，每百年增长一岁，增至8万4千岁；自8万4千岁开始，每百年减一岁，减至10岁。世人寿命的一个增长期或一个减少期各为一小劫；二小劫为一中劫。二十个中劫又组成一个时期，共有成、住、坏、空四个时期，即八十个中劫构成一个大劫。“劫”后来也被人们用来指天灾人祸。

十八罗汉之看门罗汉　注茶半托迦尊者，为人尽忠职守。

〔6〕信心不逆：相信而不指责毁谤。是次于“书写”、“受持”、“读诵”、“为人解说”的一种对待《金刚经》的态度与行为。指还没有真正理解接受，也没有读诵抄写，从而也没有依之指导行动，更没有广为他人讲授，而只是听闻之后认为其不错，故不反对。其他5种译本分别译为(以译本时间先后)“信心不谤”、“不起诽谤”、“闻已不谤”、“不生诽谤”、“不生毁谤”。

〔7〕〔8〕发大乘者、发最上乘者：真谛译本作“能行无上乘及行无等乘人”；笈多译本作“胜乘发行”、“最胜乘发行”：玄奘译本作“趣最上乘诸有情”、“趣最胜乘诸有情”。发……者，即发心学、誓愿行……者。“大乘”、“最上乘”二词各有不同解释，有的认为“大乘”指菩萨乘，“最上乘”指佛乘；有的认为“大乘”指定性大乘(具有惟一种子者)，“最上乘”指不定性大乘(具有2至3种子者)；有的认为，“大乘者”指智慧广大，善能建立一切法，“最上乘者”指不见垢法可厌，不见净法可求，不见众生可度，不见涅槃可证，不做度众生主。亦不作不度众生心。在众多注释中，笔者认为三论宗创始人、隋代吉藏法师的诠释较合经意。他说：“大乘与最上乘何异？答：通论不异，此种种叹耳。别者，‘大’包含广博义；‘最上’。高绝。取高出二乘(指声闻乘、缘觉乘——笔者)义。广博等即是得义：出二乘即是离义。又，大是其始义，据浅行之人：最上是其终义，据深行人也。”(《金刚经义疏》卷四)

〔9〕乐小法者：喜欢小乘佛法的人，即小乘佛教信仰者。这些人坚持传统佛教，反对刚刚产生的大乘思想，尤其是对般若理论更不能接受，故认为大乘“非佛说”。大乘佛教一方面通过各种方式表明自己的“佛说”性，并进而以各种途径摄纳、吸引小乘佛教及其信徒；另一方面大乘佛教也对小乘佛教及其信徒进行反驳、攻击，并表示轻蔑，认为他们没有真正理解佛的教法，甚至没有听到佛的重要说法，所以，会“闻大乘法说毕竟空，如刀伤心”，继而否定、攻击、极力反对。以上情况在本经中都有所体现。这里提出“乐小法者”即是指小乘信徒头脑愚钝、意向短浅、见识低下、行为偏谬。他们心乐小法而不能潜心修习大乘、誓求无上菩提，因而误入歧途，不能理解本经妙义，不能生信，从而也“不能听受读诵、为他人解说”。

〔10〕我见、人见、众生见、寿者见：对自我、他人、众生、寿命的认识，即执著于我、人、众生、寿者“四相”，认其为实，视其为真，从而心起观想和分别。大乘佛教认为这是一种邪见。由于我、人、众生、寿者都是以人为中心而展开的，故四见实即一见，即人我见，简称“我见”。此处经文全句为：“若乐小法者，著我见、人见、众生见、寿者见，则于此经不能听受、读诵、为人解说。”“乐小法者”指小乘信徒。这里出现了一个矛盾，因为小乘佛教是极力反对“人我见”的，认为其是万恶之本，一切烦恼

和谬误的总根源，怎么会著人我之见呢？对于这一矛盾，历史上各注释家有的避而不谈；有的即陷于矛盾之中；有的则力图消除这一矛盾，故将我等四见解释为“我所”之见(“我所”即与我相对的万有，亦即“法”)。因为小乘即主张“我空”而“法有”；有的则将“小法”解释为外道，因为外道即有“我见”。但笔者认为，吉藏法师的解释是准确的，他说：“此中举二人，乐小法者，此是小乘；著我见者，此是外道。此二人不能听受。小乘之人所以不能听受者，以是有所得，故不信无得。……又小乘人但得生空(即众生空，一般称“我空”——笔者)，不得法空。……外道著我见，不信则易知也。”(《金刚经义疏》卷4)查其他5种译本，除义净译本同罗什译本外，其它4种译本这里都非常明确地分作两类人。以流支译本为例。其文曰：“若乐小法者，则于此经不能受持、读诵、修行、为人解说；若有我见、众生见、人见、寿者见，于此法门能受持、读诵、修行、为人解说者，无有是处。”

〔11〕即为是是：罗什译本的其他传本此处皆为“则为是塔”。再查其他译本，此处亦皆有明确指代，以译本先后分别作“则为是塔”、“即成支提”、“支帝彼地分当有”、“如佛灵庙”、“则是制底”。其中玄奘译的“如佛灵庙”含义最为明确。从以上可知，明成祖集注本“即为是是”是流传过程中出现的讹误，原本应是“则为是塔”。

〔12〕作礼围绕：恭敬礼拜，右向绕塔而转。这是一种重要的拜佛礼仪。原是古代印度的一种礼节。对谁旋转，即表示对谁的恭敬爱慕之意。佛教吸收这一礼式，绕佛一周三周以表示对佛的尊敬与崇拜。佛灭后，信徒们便对佛遗骨所在的塔围绕礼拜。后来又出现了佛的偶像，便又产生了围绕佛像的仪式，古印度以右为上，故皆右向围绕而转。今天，中国佛教寺院必要时亦有绕塔法事，至于绕佛则是每天必行之功课。佛像产生于公元1世纪前后，此后便取代了佛塔及佛的遗迹、遗物等成为信徒礼拜的主要对象。《金刚经》中不止一次地将经典所在之处喻为即有佛塔，可见当时佛教的偶像崇拜尚未兴起。这也说明了《金刚经》的产生时代不会迟于公元1世纪。

〔13〕华香：花和香，是佛教各种供养物中最重要的两种。花一般指鲜花，后来也有人工制作的花；香即香料、香枝、香沫、香泥等的总称。后来一般指用香泥制作的香枝，并燃烧之而供佛。这里讲“散”花香，可见还未有燃香之举。现代中国佛教把花瓶、香炉、烛台视为佛前三大供养，称“三具足”。

〔14〕先世：即前世、前生。也称“前际”，一般称“过去世”。为佛教三世(还有现在世、未来世)之一。“世”是迁流义，用于因果轮回，指个体一生的存在时间。“先世”指众生前世的生存。这是业报轮回理论的依据。该理论认为，人们因各种业力(业即身、口、意三方面活动的总称)作用而不断轮回转生，并产生不同的果报。今世为前世之果，又为来世之因，而前世则是现世之因。

〔15〕罪业：“业”不同于“孽”。梵文音译“羯磨”，意为造作，泛指一切身心活动，一般指身业(行动)、口业(言语)、意业(思想活动)。分类形式很多，从其引起不同果报和性质来看，可分为罪业(也可称恶业)、福业(也可称善业)两类(《成实论》卷7还提出不生果报的“无记业”，共成三种)。“罪业”即逆于佛教各种教说而起的“业”。具体可分为“五恶业”、“十恶业”等。五恶业即杀生、偷盗、邪淫、妄语、饮酒。十恶业，据《法界次第初门》卷上，为：(1)杀生；(2)偷盗(又译“不与取”)；(3)邪淫(非己之偶而行欲)；(4)妄语(又译“虚诳语”)；(5)两舌(又译“离间语”)；(6)恶口(又译“粗恶语”)；(7)绮语(又译

“杂秽语”，即语含淫意）；(8)贪欲；(9)瞋恚（凶恶仇恨）；(10)邪见。“恶以乖理为义。此十并是乖理而起，故名为恶，亦名十不善道。”

〔16〕恶道：“道”亦称“趣”，指众生根据前世善恶行为而轮回转生的趋向，共有六道，其中又可分善、恶两类，各占其三。“恶道”即其中的三恶道：

（一）畜生：即畜养之生类。亦译傍生，即傍行之生类。《释氏要览》卷中说，因五事而做畜生：犯戒私窃、负债不还、杀生、不喜听受经法、常以因缘艰难斋会。

（二）饿鬼：梵文音译“薜荔多”、“闭丽多”。此类众生常苦于饥饿，故名。也单译作“鬼”。种类极多，有九鬼、三十六鬼等分法。他们有的腹大如鼓、咽喉似针；有的口吐火焰，来食即焚；有的仅以粪、血、水、发、气、唾、风、火炭、灰土等为食；有的居于山林冢庙，有的居于人间坟地，有的居于黑山洞，有的居于不净巷陌，有的居于空旷原野，有的居于阎魔王的地下宫殿。有些鬼有威德，如药叉、罗刹等；有些鬼则食人精气、吃食小儿、欲色甚重。此类众生是因为前世破律犯戒、毁佛涅槃、比作圣贤、扬己之名而内无实德。故而转生此道。《饿鬼报应经》、《佛说杂藏经》、《佛说鬼门目连经》等对各类饿鬼的前世业因皆有分类说明。

（三）地狱：亦译“不乐”、“可厌”、“苦具”、“苦器”等，音译“那洛迦”。可分三大类：根本地狱，即“八大地狱”；近边地狱，即“十六小地狱”；孤独地狱，即山间、旷野、树下、空中等。八大地狱也称作“八热地狱”。分别为：(1)等活地狱。生此者不停地互相残杀，凉风吹来死而复活，更受苦害；(2)黑绳地狱。生此者受黑铁绳绞勒之苦；(3)众合地狱。此处以众兽、刑具等配合，残害罪人；(4)号叫地狱，生此者受苦折磨，发出悲号；(5)大叫地狱。罪人比前者受的残害更重，故而大声叫唤；(6)炎热地狱。以铜镬、炭坑煮烧罪人；(7)大热地狱。罪人受煮烧苦较前更烈；(8)阿鼻地狱，意译无间地狱，位于南瞻部洲之下2万由旬。深广亦2万由旬，造“十恶业”重罪者在此，堕入则受苦无间。十六小地狱即八大地狱周围所附属的“八寒冰地狱”、“八炎火地狱”。另外，《十八泥犁经》中说有十八地狱，层层相连。此说在佛教内也很有名，此处从略。

〔17〕阿僧祇：梵文音译，亦译“阿僧企耶”，意译“无数”。表示时间的数量单位。量极大。《大智度论》卷4说：“几时名阿僧祇？”答曰：“天人中能知算数法。极数不复能知。”据称一阿僧祇有一千万万万万万万万万兆（百万为兆）。

〔18〕那由他：“数量词。也称“那庾多”、“那术”等。具体指多少说法不一。一般认为当中国一亿。另据《本行经》卷12说：“那由他，隋言数千万。”《玄应音义》卷3说：“那术，……当中国十万也。”

〔19〕后末世：即“如来灭后，后五百岁”。

〔20〕具：全部地，一五一十地。

〔21〕狂乱：非常混乱、迷惑不定。

〔22〕狐疑：怀疑、犹豫。狐，即狐狸，性多疑，故称。

〔23〕果报：根据一定的业因而产生的果，此为报应，故称果报。又因为果异于因而成熟，故也译作“异熟”。

【译文】

这时，如来佛又重开格量之门，从各个方面显示如此般若圣典的功德妙用。如来佛首先说：

“须菩提：未来之世，如果有善男信女能够信受此经，经常读诵，依理行持，那么，如来佛肯定会以他所特有的圣智和神通，完整无缺地知道这些人，无一遗漏地看见这些人。这些人都将成就无量无边的功德，也是毫无疑问的。

“须菩提：举例来说，如果有善男信女上午以恒河沙数之多的生身性命进行布施；中午又以恒河沙数之多的生身性命进行布施；下午再以恒河沙数之多的生身性命进行布施。在无数千万亿年的时间内，这些善男信女都像这样以自己的身家性命进行布施。如果另外有人听闻此般若圣典之后，开始生信而不毁谤，那么他们所获得的福报要胜过前面以身命布施的善男信女们所获得的福报。何况听闻经典之后还能抄写流通、信受持行、阅读背诵、为人解说，那福报就更大了。

“须菩提：简单地说，此经具有不可思议、不可估量、无边无际的功德，它是如来佛为决心学习大乘、誓愿证悟无上菩提、进趋佛果的人而说的。所以谁如果能信受、持行、读诵并广为他人解说，如来佛就可以完全知悉、完全看见这些人，这些人都可以获得不可估量、不可称计、广大无边、不可思议的功德。这也就是说，这些人都可秉承如来佛的无上圣智、从而成就自觉、觉他的菩萨道并达到至高无上的境界。相反，那些喜欢小乘法的人和那些持自我、他人、众生、寿者为实有之见的人，对于此大乘、无上乘之经是不能听闻、受持、读诵并为他人解说的。

“须菩提：无论是任何地方，只要有此经典，那么，一切世间的天神、人类、阿修罗都应该于此虔诚供养。应当明白，这些地方，都是如来灵塔所在之处，皆应恭敬，围绕礼拜、用各种鲜花、香枝供奉其处。”

如来佛接着又说：“再次，须菩提，如果有些善男信女们虽然在信受、持行、读诵此经，但仍为世人瞧不起，那是因为其前世所造的罪业本应堕于三恶道之中，他们转生于此善道，也只能是地位低贱。不过因为他们信受、行持《金刚经》，所以，即使今世为人轻贱，但先世罪业立即消灭，而且他们必将由此获得无上圣智，证成至高果位。

“须菩提：回想起我在遇到燃灯佛以前，于过去无量无数万年的时间里，曾遇到过八万四千亿亿个佛，对于这些佛，我都恭敬供养、虔诚事奉，没有慢待过一位佛。如果另外有人于未来之世能受持读诵此经，那他所获得的功德与供养诸佛所获得的功德相比，供佛功德的百分也不及人家的一分，就是千分、万分、亿分，甚至多得不能再多、犹如恒河之沙、世界微尘等不可思议之多的譬喻都不及受持此经所获功德的一分。”

“须菩提：未来之世，善男信女因受持读诵此经而获得的功德，我如果全部说出的话，或许有人听了之后，会心慌意乱、犹豫不决、半信半疑。须菩提，要知道此经之义趣是玄妙莫测、不可思议的，此经果报之巨大也是常理难测、俗智难解的。”

【说明】

本节经文是在上面各节经文对金刚般若之法作了多番论证说明，尤其是紧随上节如来佛对经义的引申揭示而出现的，中心内容即赞叹此经的功德和受持的果报。第1段为总说，凡受持读诵此经者，“皆得成就无量无边功德”。最后一段为总结，持经功德难以具说，因为此经义趣之深奥的确是不可思议，此经果报之巨大也的确是常理莫测。中间5段即从五个方面展开说明：(一)在无量千万亿劫长的时期内，以恒河沙数之多的生身性命布施不及信仰此经，更不及受持读诵、为人解说。(二)此经是如来为发大乘者、发最上乘者而宣说的，所以凡能信受者皆可获不可估量、不可称计、无边无际、不可思议的功德。此功德亦即证成大乘之果、证成无上乘之果。因此，这些人都会成为如来佛的使者，身承无上圣智、自觉觉他，永转法轮，绝非乐小法者和著我见者所能相比。(三)凡经所在之处皆如佛塔应受天神、人类及鬼众的恭敬供养和虔诚礼拜。前段讲的是，经为人持人则尊；此段讲的是，位在某处处则胜。因为一切诸佛及诸佛无上圣智皆从此经出，所以此经在，即佛法身舍利在，亦如佛的灵塔在。关于这种相依不分的关系，宋代道川禅师的几句颂语说得惟妙惟肖，其曰：“与君同步又同乡，起坐相从岁月长。渴饮饥餐常对面，不须回首更思量。”所以只要《金刚经》在，就不必再去别处拜佛、供佛了。(四)受持读诵此经可消灭先世罪业，不但避免地狱、饿鬼、畜生之苦，而且超出轮回，证得佛智，永远解脱。(五)在无量无数长的时期内供养八万四千亿亿佛所得的功德不及受持、读诵此经所得功德之一分。

历史上流传的大量《金刚经》灵感故事几乎全是讲受持经典的功德果报的。如关于能净业障，有一则故事说，宋朝时有位名叫王迪功的人，经常打猎，杀生甚多。但他妻子每天读《金刚经》。一日正在读持经功德分(按32分法，即为第15分)时，王迪功也同读了此分经文。五年后，王迪功病倒，被两个阴差抓到阴间，冥王责骂其不修福行善反而杀生害命，便让冥官带到镬汤地狱去受苦。冥官查了生死簿后告诉冥王，此人生前曾和妻子一同念《金刚经》一分，虽只片纸，却功德如山，应予免罪，放其还阳。冥王见其读了几句《金刚经》，也只好把他放了。再如关于本节经文中的“当知此处，则为是塔”一句，有一则故事说，明朝弘治年间(1488—1505年)，苏州承天寺和尚怀林因不守戒规，一天正在乘凉时被两个阴差用

十八罗汉之骑象罗汉　迦理迦尊者，本是一名驯象师。

铁链套走。怀林急忙求饶，被缓期七天。放回后，众徒弟纷纷想法求救，后来想起了真如塔某道行较高的禅师。怀林发愿得救后维修此真如塔，于是禅师示其获救之法，即七日内不分昼夜在房间内专念《金刚经》中“当知此处则为是塔”一句。怀林依法而行，到第七日，两个鬼差来抓，只见房中现出一座宝塔，光芒四射，不能睁眼。禅师对鬼差说：“他诵最上乘法，又发勇猛大愿，谁也对他没办法。”俩鬼差只好走了。类似这样的故事是非常多的。它们与《金刚经》中关于持经功德的反复而详细的说明和无止境的夸张有很大的关系；同时也反映了中国人对《金刚经》的特别崇拜。

【经文】

尔时，须菩提白佛言：“世尊：善男子、善女人发阿耨多罗三藐三菩提心，云何应住？云何降伏其心？”

佛告须菩提：“善男子、善女人发阿耨多罗三藐三菩提心者，当生如是心：我应灭度一切众生，灭度一切众生已，而无有一众生实灭度者。何以故？须菩提，若菩萨有我相、人相、众生相、寿者相，即非菩萨。所以者何？须菩提，实无有法发阿耨多罗三藐三菩提心者。

“须菩提：于意云何？如来于然灯佛所。有法得阿耨多罗三藐三菩提〔1〕不？”

“不也，世尊。如我解佛所说义，佛于然灯佛所，无有法得阿耨多罗三藐三菩提。”

佛言：“如是，如是。须菩提，实无有法如来得阿耨多罗三藐三菩提〔2〕。须菩提，若有法如来得阿耨多罗三藐三菩提者，然灯佛即不与我授记〔3〕：‘汝于来世〔4〕当得作佛，号释迦牟尼〔5〕’。以实无有法得阿耨多罗三藐三菩提，是故然灯佛与我授记，作是言：‘汝于来世当得作佛，号释迦牟尼。’

“何以故？如来者，即诸法如义〔6〕。若有人言如来得阿耨多罗三藐三菩提〔7〕。须菩提。实无有法佛得阿耨多罗三藐三菩提。须菩提，如来所得阿耨多罗三藐三菩提，于是中无实无虚。是故，如来说一切法皆是佛法。须菩提，所言一切法者，即非一切法，是故名一切法。须菩提，譬如人身长大……”

须菩提言："世尊，如来说人身长大，即为非大身，是名大身。"

"须菩提：菩萨亦如是。若作是言——'我当灭度无量众生'，即不名菩萨。何以故？须菩提，实无有法名为菩萨。是故，佛说一切法无我、无人、无众生、无寿者。须菩提，若菩萨作是言——'我当庄严佛土'，是不名菩萨。何以故？如来说庄严佛土者，即非庄严，是名庄严。

"须菩提，若菩萨通达无我法〔8〕者，如来说名真是菩萨。"

【注释】

〔1〕〔2〕有法得阿耨多罗三藐三菩提、实无有法如来得阿耨多罗三藐三菩提：这是一种句型。"法"非方法，而指"佛法"。"阿耨多罗三藐三菩提"为"法"的同位语，但后置于"得"、"如来得"。真谛译作"……法如来所得名阿耨多罗三藐三菩提"，含义较为明确。

〔3〕授记：授予记别，即预示其未来。这里指然灯佛预示释迦未来将要成佛。佛教指佛对发心众生授与未来必将做佛的记号。分类较多：(1)二种授记：即无余记和有余记。前者指佛当场授记某众生于某劫中作佛，号某如来；后者指言告众生于未来某佛时最终消除某罪，某如来为汝授记(见《大疏》卷4)。(2)四种授记：其一未发心而与授记。预示将来必发心而得菩提；其二适发心已得授记，谓有慈悲心而住"不退地"；其三密授记，谓六度修行将满。天龙疑其是否将得菩提，佛遂记别以断从疑，而菩萨尚不知；其四现前授记，谓对面而说为之授记(见《首楞严三昧经》下)。此外还有六种授记、八种授记之说。

〔4〕来世：未来之世。佛教三世之一。参见前"先世"注。

〔5〕释迦牟尼：梵文音译，亦译"释迦文"。"释迦"是种族名，意为"能"；"牟尼"，亦译"文"。意为"仁"、"儒"、"忍"、"寂"、"寂默"。合为"能仁"、"能儒"、"能忍"、"能寂"等。意即释迦族的圣人。本名悉达多，姓乔答摩。"释迦牟尼"是其成佛后，佛教徒对他的尊称。据佛典记载，释迦牟尼原是古印度北部迦毗罗卫国(在今尼泊尔南部提罗拉科特附近)净饭王的儿子。人称"悉达太子"。属刹帝利种姓。生于蓝毗尼园。生后七天，母亲摩耶夫人去世，由姨母抚养成人。幼时接受传统的婆罗门教育。29岁(一说19岁)时，有感于人世生、老、病、死各种苦恼而舍弃王族生活出家修道。历经曲折和磨难，于35岁(一说30岁)时在菩提伽耶尼连禅河畔的毕波罗树(后称菩提树)下觉悟成佛，此后40余年，游历四方，化导群类，皈者极多，被视为此世之教主。80岁时于拘尸那迦的婆罗双树林中入寂。关于释迦牟尼的生卒年代，南传和北传佛教有不同说法。据汉译《善见律毗婆沙》"出律记"，推断为前565至前485年，约与中国孔子同时。南传佛教或作前624至前544年，或前623至前543年。现代世界佛教通用的佛历纪年以公元前544年为佛灭元年。如此，1992年即佛历2536年。

〔6〕诸法如义："诸法"即有为法、无为法，包括此岸和彼岸一切可见的与不可见

的、可思议的与不可思议的、善的与恶的、圣的与凡的等各种事物、各种现象及各种概念、各种特性。“如”有二义。《大智度论》卷32说：“诸法如有二种：一者各各相；二者实相。”“各各相”指诸法各自之相，如地之坚相、水之湿相，此为事相之“如”。“实相”指诸法的共同之相，即空相，此为实相之如。此“如”也为诸法之性，故称作“法性”。此法性为真实之际，故也称“如”，因为诸法虽各自差别，而理体则一味平等，所以,“如”也是理的异名。此理真实，故称“真如”。此为一，故称“一如”。这里的“如”即诸法的实相、法性、真如，指诸法虚假之相背后“常住不变”、“无实无虚”的真实状况、真实性质即般若空性。《摩诃般若波罗蜜经·昙无竭品》说：“诸法‘如’，诸如来‘如’皆是一‘如’，无二无别，菩萨以是‘如’入诸法实相。”所以这里的“诸法如义”即诸法的实相之义。用以解释上文“如来者”，意思是说如来乃诸法实相真如之体现。

〔7〕若有人言如来得阿耨多罗三藐三菩提：此为复句中的一个单句。但罗什译本无下句。查其他译本，此后皆有与“若……”相对应的句子。如流支译本、真谛译本此句末有“是人不实语”；义净译本有“是为妄语”；玄奘译本有“当知此言为不真实”。如此则句通而义明。罗什译本不知何故无此，估计不是所据梵本的不同。

〔8〕无我法：关于无我的佛法。佛教的“无我”分“人无我”(也称我空)和“法无我”(也称法空)两种。单说的“无我”一般指“人无我”，即人本身由五蕴假合而成，非恒久主体，故假而非实。此处“无我”到底指哪种，抑或二者兼有，历史上的注释家所释不一。从上文看，经文讲无发心之菩萨，故此处应指“人无我”；从下文看，凡通达“无我”之法者即是真正的菩萨，由于小乘圣者亦达“人无我”，与菩萨的区别即在于“法无我”，故此处“无我”似应指“法无我”，其他译本中流支、笈多、玄奘译本亦作“无我法”，真谛译本作“诸法无我”；义净译本作“一切法无性”。“无我”、“无性”含义略同。从此二译本看应是“法无我”。人、众生皆是法的一类，故也可说此处的“无我”是二种“无我”兼而有之。

【译文】

就在这时，须菩提又对如来佛说道：“世尊：善男信女发心求无上正等正觉，怎样能使他的心无住而住呢？怎样才能令他的心降伏呢？”

佛告须菩提说：“善男信女中凡发心求无上正等正觉者，应该生这样的清净心：我应灭度一切众生，使其皆成佛果。灭度了一切众生之后，心中绝不存众生是我所度的思想。为什么呢？须菩提，若这些发菩提心的菩萨有自我的相状、他人的相状、众生的相状、寿命的相状，那么他就不是真正的菩萨。之所以这样说，是因为本来就没有什么法，也根本不存在发心求无上正等正觉的菩萨。”

如来佛在此前曾讲述了菩萨若要发心求无上圣智，应破相去执、无住而住，现在又讲连发心求无上圣智的菩萨也是非实假有的，所以，菩萨绝不能有我能度众生或众生是我度的思想，若这种“我见”尚未根除，则其妄心就不能说已完全降伏，其本真之心也就不彻底安住。为了说明这一问题，如来佛又以其昔日为菩萨时发心求圣智，誓愿证佛果的往事为例，问须菩提道：

“须菩提：你认为如何？如来昔日身为菩萨时在本师然灯佛那里是否得到了无上圣智那样的微妙佛法呢？”

“没有，世尊。根据我对如来佛刚才所说般若之法的理解，我佛前世身为菩萨时在然灯佛那里没有得到无上正等正觉这样的佛法。”

十八罗汉之探手罗汉　半托迦尊者，因打坐完常只手举起伸懒腰，而得此名。

如来佛对须菩提的回答非常满意，连声说：“是这样、是这样。须菩提，没有一种真实的名叫无上正等正觉的佛法为如来佛所得到。须菩提，如果如来认为自己当时确实得到了无上正等正觉这样的佛法，然灯佛就不会给我授记，预示说：‘你将于未来之世成佛，名叫释迦牟尼。’因为我当时的确不认为自己真正得到了无上正等正觉这样的佛法，所以然灯佛才给我授记，说如下之语：‘你将于来世成佛，名叫释迦牟尼。’”

为什么说当初如来佛没有得到什么法就可以被授记成佛呢？佛接着解释说：“因为所谓如来，也就是诸法实相真如的意思。这种真如绝形绝虑、非有非无、无得而得，所以，只要达到这种认识，与此实相相契，就是如来，就可成佛。如果有人说如来当年做菩萨时得到了无上正等正觉，这个人就是说错了。须菩提，如来佛确实没有得到名叫无上正等正觉这样的佛法。须菩提，如来佛所证的无上正等正觉是一种无实无虚的玄妙之法，既不能视其实有，也不能视其虚无，就像如来本身一样是万法的实相真如，是不可从相而求，不可从有而得的。正因为如此，如来佛所说的一切法也都可以说就是佛法。须菩提，这里所说的一切法皆非真实无误、可取可说的法，而是虚幻假有、名言称说的法。譬如人身的高大……”

须菩提没等如来佛说完便接过话题说道：“世尊，如来佛说，人身的高大并非真实的高大，只是假名的高大。”

佛接着说：“须菩提，菩萨也是这样。如果菩萨说这样的话——‘我将普度无量众生’，那他就不算作菩萨。为什么呢？须菩提，实际上并没有一种叫作菩萨的法门。也正是在这一意义上，如来又说一切法门皆无自我、无他人、无众生、无寿者。须菩提，如果菩萨说这样的话——‘我将庄严佛土’，那他就不算作菩萨。为什么呢？因为如来佛说，所谓庄严佛土者，实际上并非真正地在庄严佛土，而只是叫作庄严佛土罢了。

“须菩提，如果菩萨能理解上面所说的道理，透彻地信解受持无我之法，那么，如来佛就说他是真正的菩萨。”

【说明】

此节经文开头两段与经首须菩提请问、如来佛解答几乎完全一样，前后两处都是“善男子、善女人发阿耨多罗三藐三菩提心，云何应住？云何降伏其心？”佛的直接解答也都是既要灭度一切众生，又要认识到实际上并没有一个众生得到了灭度，因为作为菩萨是绝不能有我相、人相、众生相、寿者相的。前面我们已经说过，《金刚经》全部经文就是围绕这两个问题而展开的。通过前面各节经文的译注与分析，我们也可以看到截至此节之前的全部经文，已形成一个节节相扣、意义连贯的体系，这里为何又重开此问呢？历史上的注释家对此提出了许多解释，主要有以下几种：

第一种观点认为，须菩提重提原来的问题是为了后来到场的听众提的。笔者仔细查对了各种译本，发现在须菩提从座而起正式启请如来说法之前，来佛所听法者只提到大比丘一千二百五十人。除罗什译本外，其他五种译本还都具体提到诸比丘全部来到佛的住所，按常规行完礼后退坐一面，静候佛开口说法的情况。再看经末的记述，闻佛说法之后“皆大欢喜、信受奉行”者却不只是诸比丘，还有诸“比丘尼、优婆塞、优婆夷、一切世间天、人、阿修罗”。有的译本还提到诸菩萨、摩诃萨。法会结束时的人数远远超过了法会开始时的在座人数，除过各类天神具有神通，可在它处听法外，说明确实有中途到场者。所以这里为后来者重提原问并非毫无道理。

第二种观点认为这是第二周说法，即将全部经文分成二个周回，前一周已将经的大意讲完，为了使听者的理解更加透彻，所以从此开始再说一遍。天台宗创始人智顗即持这种观点。明代元贤更是极力赞同，他说：“空生问辞与前不异且详，佛答意亦与前不异。今强于不异中求异，穿凿甚矣。……惟天台疏以为是重问重说。《大般若经》中已有比例，故今依之，学者不必强解。”这种看法也有一定道理。从此后各节经文的形式及内容来看，的确与前面有很多相同或相似之处，除须菩提的提问、如来佛的解答外，还有许多说法破相内容及福德较量形式等皆与前面相似，例如：佛于然灯佛处得阿耨多罗三藐三菩提、庄严佛土、人身长大、如来身相、三十二相、如来说法、世界、微尘、众生、福德及大千世界七宝布施、恒沙世界七宝布施等等，呈现出明显的二周迹象。另外从佛教传统来看，二周说法也是比较常见的，尤其是般若类经典中更是如此。需要注意的是，如果将这次说法活动看成是非常确凿、具体的一次释迦说法活动，那二周说法的情况只能是释迦牟尼与须菩提事先密议好的，让须菩提到时再重复提问，这样便显得生硬甚至可笑。事实上，《金刚经》的出现是释伽牟尼去世500余年后佛教内部出现的一部假托释迦之名的作品，而且它本身也有一个从口耳相传到写成文字直至最后定型的过程。结经者为了能更透彻地说明经文或为引起大家的注意与重视，而重新安排一次提问也是完全可能的。

第三种观点认为，“前数段皆就所行之因果明其空寂，以显金刚智体；此则就菩萨能行之自身而言。所谓前空‘所空’，今空‘能空’。故须菩提重兴前问，佛重申前空，以明一切法皆是平等真如常住法身。”（太虚《金刚经义脉》，《海潮音文库》

第3编)，此种观点由来已久，亦很盛行。古代印度瑜伽行派的无著、世亲、金刚仙及中观学派的功德施基本上都持这种看法。如无著说："何故复发起初时问也？将入证道菩萨自见得胜处，作是念：我如是住、如是修行、如是降伏心、我灭度众生。为对治此故须菩提问。"(《金刚般若论》卷中)再如功德施说："须菩提何故复言发菩萨乘应云何住等，欲具显因清净相故。何者不具？云何具显？谓所修因，非但离于三事(即住、修行、降伏——笔者)相想即名清净，要当远离我住、我修、我降伏心如是诸想，方得净故。"(《金刚般若波罗蜜经破取著不坏假名论》卷下)在中国，姚秦时代，《金刚经》首次译出后，罗什弟子僧肇即作注释，他将全经分为三章，前二章分别明境空、慧空，由此处重问以下为第三章，明菩萨空。他说："三章之初，其文各现，前后相似，意不同矣。"(《金刚经注》)隋代吉藏法师也说："前周尽缘，后周尽观。前周尽缘者，正教菩萨无所得发心，破有所得发心，乃至无所得修行，破有所得修行，故是尽缘也。今此章明无有发菩提心人，亦无有修行人，故是尽观也。"(《金刚经义疏》卷4)隋以后，各大注释家中持这种说法的十分普遍。

第四种观点，当代学者王世安先生提出这样的设想：《金刚经》产生之后，由于长时间的口口相传和相互转抄而不可避免地出现误记或差错，也可能会随意增减改变原文，这样便逐渐形成了各种不同的写本。后来有人取两种差异较大的本子合为一本，一种作前一部分，一种作后一部分，两种原本中词句完全相同的段落当然不需重复，但为了不失本真，对于大意虽然相同而字句有些差异的段落，二者都予以保留；对于字句大体相同而意义各有侧重的段落也都保留；对于一种版本独有而另一种版本所无的段落，当然更需保留。如此凑成貌似二周说法的这一综合版本。待无著、世亲为该经作注后，这一版本便成为定本，而其他本子则逐渐淘汰消失。

除以上几种观点外，还有其他五花八门的看法，其中一些是上述观点的综合、演变，一些则是难以成立的牵强之说，此处就不必一一说明了。

另外，我们还可以借鉴古印度著名的大乘学者龙树对《大般若经》中频频出现的原问重提所做的各种解释，今仅以《大智度论》卷53《释无生品》中的一段为例，其曰："所谓菩萨义、般若波罗蜜义、诸观义，上已问，今何更问？答曰：先已答大树喻非一斫可断，是事难，故更问；复次是般若波罗蜜有无量义，……是故问；又此问虽同，答义种种异；复次，诸佛断法爱不立经书，亦不庄严言语，但为拯济众生，随应度者说。如大清凉美池，无量众生前后来饮，各饱而去。听者亦如是。佛先说菩萨、般若及观，前来者有得解悟而去，后来者未闻，是故重问。"这种解答具有一定的代表性，其内容主要有四："一是般若义趣无量，犹如大树非一斫可断"。再如它处所说："何以更问？……此法甚深，欲令听者了了得解。"二是佛不计较经书言语的一定形式，随机应说；三是为后来者说；四是问虽相同而答义不同。再如另一处说："今何更问，答曰：义虽一，所入观门异"。再如《释观习应品》中对一处重问解释说："前为破生、法二病，明生、法二空，今为破观空人也。"这些都是说问题虽同，而前后内容还是有差别的。《金刚经》的这种原问重提、二周说法现象也可通过上述几点来解释。

以上各种看法有的侧重于经的形式，有的侧重于经的内容，皆有一定道理。其中第一、第二、第四种观点都是鉴于前后经文的许多相似之处而得出的，可称之为重复说，第三种观点可称之为完整说，即认为前后经文并非简单的重复，后面的经文虽是略说，但却是对前面经文的进一步发挥，使全经意趣更为完整。笔者认为，一方面，无论在形式上还是在内容上，前面的经文已形成相对完整的体系。后面的经文与之多有相似之处；另一方面，后面的经文中也包含着许多前面所没有的新意，从而丰富了全经的内容，加深了原有的意趣，使“金刚般若波罗蜜”之法更加完善。

下面再来看本节经文的主要内容。围绕实无菩萨这一主线可分为三部分，其中第1、2段为第一部分，除去与前面重复的外，它的核心内容是“实无有法发阿耨多罗三藐三菩提心者”，即否定发心菩萨的实在性。前面各节经文讲发心菩萨应如何破相去执、降伏妄心、无住而住，易使听法者生起某人能发心、能无住、能降伏其心的想法，从而否定了外，却执著于内。当然上述说法中也多次提到对自我之相的破除，但其侧重点在于对自身之外一切相的不取不住，这里则明确指出就连发心求无上圣智本身也是不可执著的，如果心中有一丝“我发心求无上圣智”的想法，那就是住相，就不算是“发阿耨多罗三藐三菩提心者”。道川禅师颂中说“独坐翛然一室空，更无南北与西东”，若能达到这样的境界，那么“虽然不借阳和力，争奈桃花一样红”。发心菩萨若无心可发，视己为无，那才是真正的发心，才能冲破一切障碍与束缚，像桃花遍开一样深得无为而无不为的妙乐之趣。

第3、4、5、6、7段为第二部分，中心意思是“佛于然灯佛所无有法得阿耨多罗三藐三菩提”，从而与“诸法如义”相通，被授记成佛。这一部分是由第一部分直接引生出来的。第一部分讲“实无有法发阿耨多罗三藐三菩提心者”。既无菩萨发心求趣佛乘，则无有证佛果之因，那么世尊昔日在然灯佛那里又如何得到授记，从而成佛呢？本部分经文就是为了断此疑问而设的，从而进一步完善了本节经文关于实无菩萨的说教。如来佛前世在然灯佛那里也是个发心求无上菩提的菩萨。因为其不认为自己得到了无上圣智，内心无一丝一毫的执著，所以被本师然灯佛授记成佛。这里与前面经文中出现的“如来在然灯佛所于法实无所得”、“无有定法名阿耨多罗三藐三菩提”有相似之处，但前面侧重于否定所得法的实在性、肯定性，这里则是通过“实无有法得阿耨多罗三藐三菩提”来说明当年蒙佛授记的菩萨自身已于诸法实相真如合一，从而成为如来。因为他所得的无上圣智是无实无虚、超言绝象的，只有一无所得才可谓之得。而一切法也是无实无虚的。佛法与一切法在本质上并无二样。悟得这种“诸法如义”，也

十八罗汉之托塔罗汉　苏频陀，是佛陀所收最后一名弟子，他因怀念佛陀而常手托佛塔。

就是忘掉了一切，否定了自身，也就是契于实相。而实相又是寂静无为、不可取著的。这里的“诸法如义”解释了未得佛智反而成佛这一让人颇感迷惑的问题。原来佛智并非未得，而是不得之得，佛果并非真证，绝一切相，悟法之“如”就是成佛。就像人的高大身形，因为大身外相是世俗人虚妄分别的产物，所以只是一种假名的大身，而这种假名背后的“如”却是绝对清净，无形无象，不得以大小观看、不得以形象分别的。大身之“如”也就是清净法身、真性自身。当年如来做菩萨时对于自身及一切就是这样体悟的，所以才与“如”合一，证得法身，达到了至高无上的阶位即佛。

这一部分所包含的理论思辨和般若义趣是非常耐人寻味的，我们试以道川禅师的两首注释颂语为例略作赏析。其一曰：“上是天兮下是地，男是男兮女是女。牧童撞着放牛儿，大家齐唱罗罗哩。是何曲调，万年欢。”这是注释“诸法如义”的。广袤宇宙，芸芸众生，无论是天是地，是男是女皆无二无别，实相真如，一体同观。就像牧童撞见了放牛娃，大家同唱一支歌。此歌即实相之曲、真如之调。它贯彻三世，绵亘十方，万古不变，寂然永恒。其二曰：“是法非法不是法，死水藏龙活泼泼。是心非心不是心，逼塞虚空古到今。只者是，绝追寻。无限野云风卷尽，一轮孤月照天心。”(《金刚经注》卷中)此来注释“所言一切法者，即非一切法，是名一切法”。一切法非实假有，一切心皆是妄心，所以应像风卷残云一样，扫除尽净。但另一方面它们背后又有神威广大、充满虚空、无能追寻的实相，犹如天心的孤月，既清净无染，又光照无碍。

第8段和第9段为第三部分，中心意思是“实无有法名为菩萨”，若菩萨悟得这一点，对内对外毫无执著，那才是真菩萨，即本节最后一句所说的“若菩萨通达无我法者，如来说名真是菩萨”。这里又通过普度众生、庄严佛土两件事说明无住于菩萨的道理。经中说，如果菩萨这样想：“我当灭度无量众生”，或“我当庄严佛土”，那他就不叫菩萨，因为这种我当干什么的思想本身就是一种严重的我执。没有忘我，怎能没有烦恼；若有烦恼自已都不能觉悟，又如何去使别人觉悟呢？所以说他就不是菩萨。只有不执著于自身，彻底排除能度众生、能庄严佛土的思想，并认清众生、佛土皆本性空寂；灭度、庄严皆幻化之行，我空法也空，一切皆非真，心无一纤尘，意无一丝住，于一切法门之中尽除我、人、众生、寿者四相，如此通达“无我”之法，那才是菩萨。唐玄宗李隆基注说：“于人无我，于法无我，妄于四相，不取六尘。能如此者，则不应□(疑为“言”字——笔者)，有众生可灭度，有净土可庄严。通达若斯，是真道心众生(菩萨的别称——笔者)矣。”(房山石经本《唐玄宗注金刚经》)本段经文同时也是对第一部分实无发心之菩萨的进一步说明。因为若无发菩提心之菩萨，那谁来普度众生，谁来庄严佛土呢？普度众生、庄严佛土是大乘佛教菩萨行的概括，如果没有它，大乘就不成其为大乘了。本段经文告诉听法者并非没有菩萨行，而是行无所行，无行之行，才是真正的菩萨行。正如道川禅师颂中所说：“竹影扫阶尘不动，月穿潭底水无痕。”只有视菩萨之行如竹影扫尘，月光穿水，才能起万般行而了无一丝之住，降一切妄而独得圣智之妙。

【经文】

"须菩提：于意云何？如来有肉眼不？[1]"

"如是，世尊。如来有肉眼。"

"须菩提：于意云何？如来有天眼[2]不？"

"如是，世尊。如来有天眼。"

"须菩提：于意云何？如来有慧眼[3]不？"

"如是，世尊。如来有慧眼。"

"须菩提：于意云何？如来有法眼[4]不？"

"如是，世尊。如来有法眼。"

"须菩提：于意云何？如来有佛眼[5]不？"

"如是，世尊。如来有佛眼。"

"须菩提：于意云何？如恒河中所有沙，佛说是沙不？"

"如是，世尊。如来说是沙。"

"须菩提：于意云何？如一恒河中所有沙，有如是沙等恒河。是诸恒河所有沙数佛世界，如是宁为多不？"

"甚多，世尊。"

佛告须菩提："尔所国土中所有众生若干种心[6]，如来悉知。何以故？如来说诸心，皆为非心，是名为心。所以者何？须菩提，过去心不可得，现在心不可得，未来心不可得。"

"须菩提：于意云何？若有人满三千大千世界七宝以用布施，是人以是因缘[7]得福多不？"

"如是，世尊。此人以是因缘得福甚多。"

"须菩提：若福德有实，如来不说得福德多；以福德无故，如来说得福德多。"

【注释】

〔1〕〔2〕〔3〕〔4〕〔5〕肉眼、天眼、慧眼、法眼、佛眼：合称"五眼"，指从低到高的五种智慧，即五种观照世界、人生及人类心识的能力，也即是五种认识方法或认识水平。(1)肉眼：即肉身所有之眼，能见一切外在形象、颜色等，但范围非常有限，凡遇阻隔和遥远之处皆不可见，属于凡夫俗子所具之眼。(2)天眼：天神所具之眼，不论远近、内外、昼夜皆能得见。此眼有由福业而得的欲界天人之眼，也有由禅定之力而得的色界、无色界天神之眼。人类只要修禅定，不必转生此天，也可获得此眼，从而遥视、透视，照

见天界及日月风云运行等。(3)慧眼：声闻、缘觉二乘圣人所具之眼。能照见真空无相之理。此眼必须具备根本智慧才可获得。二乘具备慧眼同时，还具备以上二眼。(4)法眼：大乘菩萨所具之眼，能照见一切法门及所有差别之事。具备此眼必须获得“后是智”，此种智是得根本智慧之后才可得的一种智慧，它不但可以证真空无相之理，通一切佛法，并通世俗一切法，及通一切众生因果、心念等差别事项。菩萨不但具备此眼，还具备以上三眼。(5)佛眼：惟佛才可具备之眼。此眼智无不及、照无不彻。从元始以来穷未来之际，遍满虚空尽彻法界，雨滴点数、细微之尘，悉知悉见；各类众生死此生彼、根性族类、起心动念、前因后果等千差万别之事无不悉知，无不见性。南朝傅翕曾作五眼颂语曰：“天眼通非碍，肉眼碍非通。法眼能观俗，慧眼了真空。佛眼如千日，照异体还同。圆明法界内，无处不含容。”(《金刚经注解》卷3)“照异体还同”指佛眼观照之境殊胜而能照之眼并非异于前四眼，就是说佛同时具备前四眼。

但是如来五眼又不同于菩萨、二乘、天、人各自所具之眼，如佛之肉眼不同凡夫之肉眼但见障内之象，它可见无数世界。佛的天眼也不同于天人、二乘、菩萨的天眼。天人天眼只见肉眼所不能见；二乘天眼惟见一大千世界；菩萨天眼虽胜二乘而不及佛，惟佛天眼可见河沙佛土，以慧眼来说，二乘慧眼只可照见我空，菩萨慧眼证法空，佛之慧眼则圆照三空，洞彻真性。再以法眼为例，菩萨法眼所知未尽，各有分限，而佛之法眼则无所不知，无一不见。

关于如来五眼还有其他各种各样的说法，影响较大的是《金刚经》“五十三家注”中署名日月殊光如来的解释：(1)肉眼：可观见卵生、胎生、湿生、化生的一切有肉之躯及其生灭变化情况；(2)天眼：可照见诸天宫殿、云雨阴晴、五星三曜及其旋伏变化情况；(3)慧眼：可照见众生慧生深浅、上品下生及其轮回托阴情况；(4)法眼：可照见法身遍充三界，无形无相，尽虚空、遍法界因缘；(5)佛眼：可观见佛身世界无比，放光普照，破诸黑暗，无障无碍、圆满十方，寻光见体知有涅槃国土。

《华严经·离世间品》对五眼有不同的解释，并在法眼和佛眼中又开出五眼，形成十眼：(1)肉眼，见一切色；(2)天眼，见一切众生之心；(3)慧眼，见一切众生之诸根境界；(4)法眼，见一切法之实相；(5)佛眼，见如来之十力(佛具备的十种智力)；(6)智眼，见诸法；(7)光明眼，见佛之光明；(8)出生死眼，见涅槃；(9)无碍眼，所见无碍；(10)一切智眼，又称普眼，见普门之法界。

〔6〕若干种心：“心”为佛教常见名词之一。分类很多。此处之“心”，梵文音译“质多”、“质多耶”、“质帝”，是一切精神现象的总称，与“识”、“意”等概念相同。如《俱舍论》卷4说：“心、意、识、体一。”“若干种心”即各种各样的思维活动。佛教把一切属“心”之现象称为“心法”。其中又包括两种，一是“心王”，即眼、耳、鼻、舌、身、意“六识”之识体自身(法相宗的“心王”还包括末那识和阿赖耶识)。为精神作用的主体，主要指与所对境界相接触而形成分别、虑知及积累和保有经验等能动作用。二是“心所”，也称“心所有法”，即相应于心王而起的心理活动和精神现象，为“心”所有，故名。

〔7〕因缘：指得以形成事物、引起认识和造就果报等现象所依赖的原因和条件。“因”是在生“果”中起主要的、直接的作用的条件；“缘”是起间接的、辅助作用的条件。《维摩诘经·佛国品》罗什注说：“力强为因，力弱为缘。”僧肇注说：“前后相生，因也；现

相助，缘也。诸法要因缘相假，然后成立。”有时“因”与“缘”亦简称“缘”。由因缘关系而产生的“法”即称“缘起法”。

【译文】

既然说菩萨不见众生可度、佛土可净，不见彼是众生、我是菩萨，那么，如来佛是否也不见诸法呢？为了消除听法者的疑问，如来佛又以五眼观照为例，问须菩提道：

“须菩提：在你看来，如来佛有没有肉眼呢？”

须菩提回答说：“是的，世尊。如来佛有肉眼。”

“须菩提：在你看来，如来佛有没有天眼呢？”

“是的，世尊。如来佛有天眼。”

“须菩提：在你看来，如来佛有没有慧眼呢？”

“是的，世尊。如来佛有慧眼。”

“须菩提：在你看来，如来佛有没有法眼呢？”

“是的，世尊。如来佛有法眼。”

“须菩提：在你看来，如来佛有没有佛眼呢？”

“是的，世尊。如来佛有佛眼。”

如来佛就有无五眼依次设问，须菩提一一给予肯定答复。接着，如来佛话题一转又另外问道：

“须菩提：在你看来，恒河中那无量无数的沙子，如来佛说它们是不是沙子呢？”

须菩提回答说：“是的，世尊。如来佛曾经说过，恒河之沙就是沙子。”

如来佛又进一步问道：“须菩提，你认为如何？譬如恒河中所有的沙粒，每一个沙粒又是一条恒河，如此无量无数条恒河中的沙粒就更是无法称计了。如果有如此沙粒之数那么多的佛世界，你认为这些世界是不是很多呢？”

须菩提答道：“极多，世尊。”

引说出无数无量的佛国世界之后，如来佛便告诉须菩提说：“在这么多的国土中有不可胜计的众生，每个众生又都有各种各样的心思。所有这些众生的一切心思，如来佛都能洞察无遗。为什么呢？因为，如来佛认为，所谓的各种心思实际上皆非真实本心，都只不过是从六尘影现出的虚妄之心，而且瞬息万变，攀缘不停，不得执取，所以仅仅是假名称作的心。这样说的根据是什么呢？须菩提，所有众生的一切心思无非是追忆过去、执著现在、攀缘未来，所以要寻觅心的着落，只就这三际察看即可。然而过去的已经过去，未来的尚未到来，现在的本性空寂，三际皆不可得，所以无论是哪一种心都不是真实可得之心。”

如果说众生之心皆非真心，皆不可得，那么依心而起的积福行善又该如何看待呢？如来佛明察听众心疑，故而又设一问：

“须菩提：在你看来，如果有人将大千世界所有的七种珍宝拿来布施，那么此人由于这种因缘而得到的福德多不多呢？”

“是的，世尊。此人由这种无量七宝布施的因缘而获得的福德是非常多的。”

如来佛说：“须菩提，此人由此所得福德的确很多。但是，如果认为这种福德是实实在在的，如来佛就不会说他所得的福德很多。因为这种福德从本质上讲也是虚妄不真的，是不可执著的。如果悟得这一点，修福而不住于福德之相，那么，如来佛就说所得福德很多。”

【说明】

前节经文讲“实无有法”，无得无见。如来佛恐听法者又疑佛亦不见诸法，既无所见则应无眼，故此节经文举出如来五眼，说明如来佛可洞悉一切，无所不见。当然如来已证无上圣智，他所具备的五眼神通实际上也正是以般若圣智为核心的。所以五眼察看无量佛国所有众生的一切心思，实际上也就是以般若观照境界，针对此经，也就是以“金刚般若”之智，用“即非—是名”这把宝剑对付一切所言之境。故经中说，如来之所以知道一切众生的一切心，就在于如来佛看透了这一切心，都只不过是假名之心，而非真实清净之心。由否定诸心又引起了对发心修福的怀疑，故经文紧接着又说明众生依心而起的七宝布施所获之福德的确是很多的，但要看到一切福德皆非真实所有，广泛修福而心中不留福相，这样才能真正获得甚多之福。此即本节经文之大意，从中可以看出它仍然是对“金刚般若”之法的进一步阐释。

本节经文有四个显明特色。第一，从说法形式上看，它使用了反差对比、递进设喻的方法，从而加强了语气，渲染了气氛，提高了说法的威力与效果。所谓反差对比，主要表现在，讲能见之眼只言其五。而且五眼会归于佛眼，佛眼即佛智慧，佛智慧即金刚般若。讲所见之境则无量无数，且以最难捉摸的心思为例。所谓递进设喻，即在说明诸心时，由一恒河引出一河之沙；由一河之沙引出河沙数之多的恒河；由沙数般的恒河再到如此之多恒河的所有之沙；由如此多的所有之沙再引出河沙般恒河之沙般的佛世界；由如此之多的佛世界又引出这些世界之内的无量众生；由无量世界的无量众生再引出各种各样的心思。经过这一番递进设喻，把所见之境已扩大得无以复加、不可思议。但是只要具备一种般若智，则可尽观无遗，由此足见般若观照之力的神通广大。

十八罗汉之挖耳罗汉　那迦犀那尊者，以论“耳根清净”闻名，故称挖耳罗汉。

第二个特色表现在对观照般若的明确说明。我们知道，般若可分三类，一是实相般若，为般若之体；二是文字般若，即诠般若之经典；三是观照般若，即般若之功用，亦即照见一切非实假有，从而体认诸法实相的一种能力。般若类经典所讲的无相无住理论，无一不是般若观照之功。本经自正宗分开始以来，虽无处不用观照般若，所得结论也无不是般若观照之结果，但却一直没有明确表示出般若的观照。本节经文举出如来五眼，并以此五眼洞见世界众生之心，从而得出诸心皆为非心，是名为心，概不可得的结论。这里以五眼比喻般若圣智，五眼所见即般若所照。另外，此经中暗示般若观照的地方还有：宣布经名之后，佛回答“云何奉持”之文；“闻是经典，信心清净，即生实相”，“发阿耨多罗三藐三菩提心者，于一切法，应如是知、如是见，如是信解、不生法相”；“云何为人演说？不取于相，如如不动”。此外还有散见各处的“佛说”、“如来说”、“如我解佛所说义”等。因为佛本身就是般若圣智的化身，所以，佛说，即般若之观照。

第三个特色在于对三世实有的否定。小乘说一切有部关于一切有的重要理论是“法体恒有”和“三世实有”。“法体恒有”即有为法和无为法的法体永恒存在。“三世实有”即过去、现在、未来三世的一切法都有自性，故而真实不虚。如《俱舍论》卷20中说：“以说三世皆定实有故，许说一切有部。”《金刚经》是在与有部学说的斗争中产生的，它不但否定了有部的法体恒有，认为“凡所有相皆是虚妄”，“一切法皆非一切法”，而且对“三世实有”也给予针锋相对的否定。这在全经中表现最明显的即此节经文中所说的“过去心不可得、现在心不可得、未来心不可得”。此处虽只是说“心”，但却明确表示了三世非实、不可求得的观点。这种理论比部派佛教时期大众部、鸡胤部、化地部、制多山部、西山部、北山部、法藏部所主张的有为法过去、未来非实而现在一刹那中有实的观点更进一步，在整个佛教史上具有十分重要的影响。

第四个特色在于对诸心的否定。前面我们曾说过，佛教修行的关键在于修心。《金刚经》所讨论的如何降伏妄心、如何安住真心实质上也都是一个“心”的问题。受持般若并依之观照世界、人生，但见一切非实假有，皆为虚妄梦幻之象，从而“不取”、“不住”、“离一切相”，使内心清净无染，即经中所说的“生清净心”、“生无所住心”。这实际上也就是空洞无物的无心。只有做到无心，才可做到无住。从另一方面来说，心无相则无，心灭境则空，可见否定心在“金刚般若”之法中确实占有十分重要的地位。另外，由于般若是一种无所得、无所知的空灵之智，是体悟神秘莫测之本体的实相之智，所以，般若的获得惟有通过对世俗一切心思的否定才有可能实现。经中说所有众生的若干种心皆是非心，就是说这些心全都是不真实的妄心，是不符合般若实相之理的。之所以说其妄而非真，是因为凡夫之心总是为贪、瞋、痴等各种烦恼所扰乱，从而使其心识如猿猴一样躁动不停，像波浪一样起伏不定，终日逐境交驰，随欲攀缘，生灭不息，三世流转，变化不止，犹如行云流水，无一刻可以安住。静而观之，过去了的念头已永灭无踪，故不可得；现在的念即生即灭，无实可得；未来之念未生，无从可得。总之无论何时之心，何种之心，皆妄而非真，虚而非实。只有铲除这一切妄心，达到无心，才是般若要求的真心。可见般若讲的真心也就是无心之心，是一种超然的精神境地。

传说中国禅宗初祖菩提达摩在少林寺面壁修持时，慧可断臂前来求法。达摩问他为什么断臂，慧可回答说："请大师与我安心。"达摩伸手说："将心拿来给你安。"慧可惶然良久说："觅心了不可得。"达摩说："为你安心完毕。"慧可言下大悟，深得无心之理，后来继承祖位，成为中国禅宗第二代祖师。

【经文】

"须菩提：于意云何？佛可以具足色身〔1〕见不？"

"不也，世尊。如来不应以具足色身见。何以故？如来说具足色身，即非具足色身，是名具足色身。"

"须菩提：于意云何？如来可以具足诸相〔2〕见不？"

"不也，世尊，如来不应以具足诸相见。何以故？如来说诸相具足，即非具足，是名诸相具足。"

"须菩提：汝勿谓如来作是念：'我当有所说法'。莫作是念！何以故？若人言如来有所说法，即为谤佛，不能解我所说故。须菩提，说法者无法可说，是名说法。"

尔时，慧命〔3〕须菩提白佛言："世尊：颇有众生于未来世闻说是法，生信心不？"

佛言："须菩提：彼非众生，非不众生。何以故？须菩提，众生众生者，如来说非众生，是名众生。"

【注释】

〔1〕具足色身："具足"即完全具备，圆满无缺。"色"即物质现象。"色身"即父母所生的血肉之躯。"具足色身"意即具备肉身的各种特征，或圆满庄严的肉身。玄奘、义净分别译为"色身圆实"、"色身圆满"。

〔2〕诸相：泛指如来佛身体的各种相貌特征。一般分"相"和"好"两类。"相"指可以了别的微妙之相状，如三十二相。"好"指较隐密的细微之相，如八十种好。前者属于大相，即显著特征；后者属于小相，即细微特征。佛典中说报身佛还有八万四千乃至无量无数的殊妙之相，除本经中所说的三十二相外，最常见的说法是"八十种好"，亦称"八十随行好"、"八十种小相"。据《大般若经》卷381及《大乘义章》卷20等载，主要讲佛的头、面、鼻、口、耳、眼、手、足等处的奇特长相。如佛的指甲狭长薄润，光洁明净；手足指头圆而细长柔软、不见骨节；唇色红润光泽，上下相称；声音洪亮，如象王吼声，明朗清彻；鼻梁修长，不见鼻孔；眼眶宽长，眼睛青白分明；耳轮阔大，成轮垂形；头发长而不乱，右旋螺发，稠密，呈绀青色；面形长宽匀称，皎洁如秋月；声音

不高不低，应众生心意，和悦与言；以一音说法，有情之类各得其解；手足及胸部皆有吉祥喜旋的“卍”字等等。

〔3〕慧命：原指法身以智慧为寿命，智慧之命夭伤，则法身之体亡失。后来用以称那些博闻强记的比丘，取喻其理解佛理、掌握智慧并以慧为命。与“长老”同义。真谛译作“净命”；笈多译作“命者”；玄奘、义净译作“具寿”，含义皆同。

【译文】

佛以五眼看诸心，实际上是以佛的无为圣智观妄相，并非座上说法的如来就具有五眼，因为真正的佛是不能以肉身见，不得以外相观的。就此道理，如来佛又问：“须菩提：在你看来，如来佛是否可以通过圆满无缺的肉身来认识呢？”

须菩提回答说：“不可以，世尊。如来佛不应该通过圆满的肉身特性来认识。为什么呢？因为如来佛说，圆满无缺的物质之躯从本质上看也是不真实的，它由五蕴假合而成，内无主宰，外无恒相，生灭无常，无从可观。说它是圆满之肉身，也仅仅是在虚幻不真的假象上暂立一个名字而已。”

表现于外的物质之躯必然会有各种特征，所以如来佛紧接着又问：“须菩提：在你看来，如来佛是否可以通过各种各样殊妙的身体特征来认识呢？”

须菩提回答说：“不可，世尊，如来佛是不能通过身体的各种相貌特征来认识的。为什么呢？因为，如来佛说，身体的各种相貌特征，不论是外观的，还是隐秘的；不论是显著的，还是细微的，从本质上讲都是不真实的，它是如来为教化众生而随机变现的虚幻身相，所以说如来具备这些特征也只是从假名的角度来说的，只有认识到实际上并非具备，才可说其具备。”

须菩提的这些对答同时也使听法者明白，眼前说法的如来佛是不能眼观耳听的。那么如来是否真的在说法呢？恰在这时，如来佛又对须菩提说：

“须菩提：你不要认为如来佛有这样的心念——‘我当有所说法’。千万不要这么想！为什么呢？如果有人认为如来佛真的在此说法，那他就是对佛进行诽谤，根本没有理解我所说的金刚般若法义。须菩提，看似我在说法，而实际上无所谓说法，只是假名其为说法。无法可说即是说法。”

这时，长老须菩提对佛说：“世尊，未来之世，人们听说这种奇妙难解的佛法之后，能否相信呢？”

如来佛说：“须菩提：未来之世的那些听法者既非众生，又非不是众生。为什么呢？须菩提，所谓众生，如来佛认为并非真实的众生，众缘和合而生，五蕴临时凑成，内无实体，外非真相，生灭无常，如影幻现。所以说其为众生，只是因为其由众缘聚集而生，故而为之权且安立假名而已。”

【说明】

本节经文通过如来佛自身说明一切非实、不可住相的道理。就其义脉来看，远承前文的“如来者，诸法如义”。“如”即是真如实相，无为清净，寂然不动，无形无象，非彼非此。这就是如来法身，才是真正的佛。那为什么具备肉身特征、成就各种殊妙身相、正在为弟子们讲经说法的本师也称之为佛呢？前面说佛是“如”，这里见佛是相。为防将二者混同，故如来佛又推衍出此节经文。从近处来看，此节经文与上节也是紧密承接的。上节讲如来具备五眼，可以照见无量世界、无量众生、无量种心，表现出对如来佛的肯定态度，即使这种肯定仅仅是出于说明诸心非真的需要。本经的特点即随说随破，所以这里便又对如来肉身之相进行否定，从而说明并非座上说法的如来就具有五眼，因为说法如来只是法身之变幻，而真正的佛是不能以肉身见，不得以外相观的，这也正是本节经文的主要内容。

十八罗汉之举钵罗汉　迦诺迦跋厘隋阇，是一位托钵化缘的行者。

本节经文可分三个层次：第一层即前4段，正面阐释可见之如来非真性之如来。其中可分为两个部分：其一即前两段，说明“如来不应以具足色身见”，因为色身非真，真佛无色；其二即后两段，说明“如来不应以具足诸相见”，因为外相虚妄，真佛无相。

不以身相见如来的经文前面已出现过两次，第一次说：“不可以身相见如来。何以故？如来所说身相即非身相。……凡有所相皆是虚妄，若见诸相非相，即见如来。”第二次说“不可以三十二相得见如来。何以故？如来说三十二相即是非相，是名三十二相”。这两处经文与本节含义基本相同。若孤立地看，则全属重复。若与上下文结合起来看，则各有各的用处。如第一次所说之文，主要用于回答“云何应住？云何降伏其心？”二问，突出说明无住理论。文中所说的“凡所有相皆是虚妄”主要针对如何降伏妄心；“若见诸相非相，即见如来”主要针对如何安住真心。第二处经文所说主要侧重于说明如何对待佛的果报之身，它告诉听法者，修行所追求的佛果并非具备三十二种殊妙身相的佛身，而是与无相法身合一的一种寂静无为境界。此文与佛法非实、世界非实共同构成此岸、彼岸、渡船三者皆非实有这一相对完整的意群，作为对“云何奉持”“金刚般若波罗蜜”的回答。

另外，还有两处经文与此节含义相当。一处说：“离一切诸相即名诸佛。”另一处说：“如来者，即诸法如义。”前者是为了说明未来之世“信解受持”《金刚经》为何会是“第一希有”，因为只要他们信受《金刚经》就可离一切相，从而与佛为一。后者用以说明释迦前世在然灯佛那里为何未得无上佛智而被授记成为如来。因为释迦无所得，从而与“如”合一。

对照前面所说本节经文的相承关系，我们可以看到，上述四处与本节虽在文字内容上基本相同，但它们各自所要回答的问题或引起的论证却互不相同。

本节第二层次即第5段，直承第一层次的色身之相非真佛，说明“具足色身”、“具足诸相”的如来佛，看似入座说法而实际上是无法可说的。本段经文主要是否定说法这一举动，但文字不太明朗。试对照真谛译本：

佛言：“须菩提：汝意云何？如来有如是意：‘我今实说法’耶？须菩提，若有人言如来实能说法，汝应当知，是人由非实有及以邪执，起诽谤我。何以故？须菩提，说法说法，实无有法，名为说法。”

如果说佛实无说法，那释迦牟尼住世80年，教化弟子49年，足迹遍布恒河南北，经律圣典还都存世，这又该如何解释呢？据说有一次，文殊菩萨请佛再转法轮(即说法)，佛说：“我这四十九年中一个字也没有讲过，你怎么请我再转法轮，莫非我以前转过法轮了吗？”佛的意思是说，不要将他的说法认得很真，因为那无非是应时契机，为人破除名相执著，从而自证实相、自觉觉他。一旦自性自觉，一切将自行抛弃。所以只有悟得法中义趣，了无一物可得，毫无一念存心，即可晓得说而无说、无说即说的道理。如果达到这种境地，即使这不可思议功德、不可思议果报的《金刚经》也会成为多余。相传有一次须菩提在山洞中修行。天神赞其善说般若，故前来散花供养。须菩提说：“我从来没有讲过什么，怎么说我善说般若呢？”天神回答说：“尊者无说，我亦无闻。无说无闻，才是真般若。”天神的这番话也正是这段经文所要说明的。

第三层即最后两段，主要说明众生的非实假有性。此文罗什译本原本没有。据窥基《金刚般若论会释》卷下记载：“什本阙无此一段文”。唐以前的僧肇注本及唐代宗密的《金刚经疏论纂要》、唐穆宗时的柳公权写本皆无此段。还有近年在房山石经中新发现的刻于天宝元年(742)的《唐玄宗注金刚经》石经(目前仅存的孤本)，其中所依罗什译文也无此段。自南唐道颙法师石刻本之后，所有流传的罗什译本皆依流支译本加入此段。此前，唐时流通的罗什译本有的也已加入。

【经文】

须菩提白佛言：“世尊，佛得阿耨多罗三藐三菩提为无所得耶？”

佛言：“如是，如是。须菩提，我于阿耨多罗三藐三菩提，乃至无有少法[1]可得，是名阿耨多罗三藐三菩提。复次，须菩提，是法平等，无有高下，是名阿耨多罗三藐三菩提。以无我、无人、无众生、无寿者，修一切善法[2]，即得阿耨多罗三藐三菩提。

“须菩提：所言善法者，如来说即非善法，是名善法。

“须菩提：若三千大千世界中所有诸须弥山王，如是

等七宝聚，有的持用布施；若人以此般若波罗蜜经，乃至四句偈等，受持读诵，为他人说，于前福德百分不及一，百、千、万、亿分，乃至算数譬喻所不能及。”

【注释】

〔1〕少法：“少”即小。指极其微小的、微不足道的法。这里用以强调如来于法毫无所得的程度。真谛译本此处译作“如微尘法”；笈多本译为“微小彼中法”。

〔2〕善法：与恶法相对，指一切善性之法，可包括佛教的一切修行内容。有两个标准，一是顺合佛教义理；二是利益众生。分为两类，一是世间善法，如五戒、十善（见前“善根”注）；二是出世间之善法，如三学（戒、定、慧）、六度等。此处的“修一切善法”与前文“持戒修福”、“广种善根”含义相同。

【译文】

听了色相非佛、说法非真、众生非实的法义之后，须菩提觉得有必要对如来佛所证之法再作说明，于是向如来佛问道：“世尊：如来佛得证无上正等正觉而实际上是无所得吗？”

如来佛回答说：“是的，是的。须菩提，对于无上正等正觉大法乃至微不足道的小法，我都是毫无所得的。但是并非一无所得就没有无上圣智，恰恰是因为一无所得，才可称之为无上圣智。再次，须菩提，无上圣智之法即一无所得，湛然清净之法身。此法恒常不动，寂然平等，在圣不增，在凡不减，无彼此之分，无高下之别。只要排除对自我、他人、众生、寿者的分别，无高下之念，无圣凡之心，无差别之虑，无有得之相，毫无执著，了无一识，并以此无住之心，持戒修福、广种善根、遍行布施、供养诸佛、庄严国土、普利群生，不论是谁都可由此既无一丝执著，又修一切善法的途径而证悟这无实无虚、绝对平等、至高无上的如来圣智。

“须菩提：刚才所说的善法，在如来佛看来，全然不是什么真实的善法。一切法都是非实假有、不可执著的，因此，所说的善法也仅仅是个假名而已。

“须菩提：每个世界的中心都有一座高达8400由旬（一由旬约30里）的须弥山，一千个世界为一小千世界，一百万个世界为一中千世界，十亿个世界为一大千世界。这大千世界之中即有十亿个高大雄伟的须弥山。如果有人将七种珍宝堆集成如同所有这些须弥山那么巨大，并拿这么多的珍宝进行布施；如果有人信受这个般若波罗蜜经，甚至只受持读诵其中的四句偈，并广为他人解说，那么这种受持读诵经典之福德与前面所说的七宝堆山布施之福德相比，前者不及后者的百分之一、千分之一、万分之一、亿分之一，甚至无量，无数、无边的阿僧祇等算数及恒河之沙、世界微尘、须弥山王等不可思议之多的譬喻都不及持经功德之一分。”

【说明】

本节经文中心内容是对如来所证无上圣智的解释。无上圣智之法是大乘佛法的根本，也是全部修持求证的归宿。本经一开始须菩提就问若有善男信女发心求无上圣智，那么他应如何住、如何降伏妄心。经中的一切说教都是围绕这一问题展开的。除了说明发心求智者要离一切相，破一切有，清净生心，一无所住之外，经文对此无上圣智也作了充分的描述。如前面经文说：

“如我解佛所说义，无有定法名阿耨多罗三藐三菩提，亦无有定法如来可说，何以故？如来所说法，皆不可取、不可说，非法、非非法。”

再如：

“不也，世尊。如我解佛所说义，佛于然灯佛所，无有法得阿耨多罗三藐三菩提。”

佛言：“如是、如是。须菩提，实无有法得阿耨多罗三藐三菩提。……是故然灯佛与我授记，作是言：‘汝于来世当得作佛，号释迦牟尼’。何以故？如来者，诸法如义。……须菩提，如来所得阿耨多罗三藐三菩提，于是中无实无虚。是故，如来说一切法皆是佛法。”

这两段经文与本节颇有相似之处。所不同的是，第一段经文侧重于说明无上圣智的“无定”，即既不能肯定其实有，也不能肯定其虚无。即下文所说的“非法、非非法”，正因为如此，这种圣智才是“不可取、不可说”的。它将无上圣智作为佛法的一种，通过对它的“无定”判断而说明如来所说的一切法，也是不可定取、不可定说的。第二段经文则通过如来于无上圣智的无得来说明如来之所以成为如来的原因。因为“如来”即从诸法之“如”而来，“如”即寂然不动、非实非虚的真如实相。如来于圣智的无得，从而与诸法之“如”合一，由此才成为如来。因为这种圣智是无实无虚的，所以如来得即无得、无得乃真得，此得即是证悟。悟得此智，即是证成如义；证成如义即可从如而来。一切法无不是如，所以说一切法都是佛法。这里主要是通过对无上圣智无实无虚、无从所得的论述，说明如来佛悟得此智，从而证成诸法之如，这样他自身也就成为无实无虚，而不可执著的了。

十八罗汉之降龙罗汉　庆友尊者，传说曾降伏恶龙。

本节关于无上圣智的阐释比前两段更为具体详细。它可分为两个层次，第一层释明圣智的特性，第二层说明修证圣智的途径。

第一层对圣智的释明是从两方面来进行的，其一说：“无有少法可得，是名阿耨多罗三藐三菩提。”这是从与求法者的关系来讲的。此句的真谛译本作“如是乃至无有如微尘法如来所舍、如来所得，是故说名阿耨多罗三藐三菩提”。这里道出了无上圣智绝对独立，本来具有，既无一丝一毫之可舍，岂有一丝一毫之可得。玄奘译本此句作“于中少法无有、无得，故名无上正等菩提”。说明无上圣智本来无有，从何而得。真谛的无所舍和玄奘的无所有都是对无所得的说明，所以说各译本含义还是一样的。

其二说：“是法平等，无有高下，是名阿耨多罗三藐三菩提。”这是从无上圣智本身的体性来讲的。即是说这种圣智，体性一如，绝对平等，在圣不增，在凡不减。无论于何时、何地、何人它都是毫无差别的，因为这种圣智也可说是一种无上的觉悟，所谓觉悟就是认识到一切执著是妄，一切分别是幻，从而离相无住，生清净之心，进而悟得诸法非实假有的中道实相，最终获得彻底解脱。宇宙万有、社会人生一旦如此看透，这种圣智就自然而然地显现出来，任何人都可做到这一点。

第二层对修证的说明也是从两个方面进行的。经中说：“以无我、无人、无众生、无寿者，修一切善法，即得阿耨多罗三藐三菩提。”可见要证悟这种无上圣智，其一必须远离一切分别和一切执著；其二还要以此无住之心而修一切善法。这种思想在前面的经文中曾表露过，如说那些持戒修福、广种善根（即“修一切善法”）者，听闻《金刚经》后会“一念生净信”，从而“无复我相、人相、众生相、寿者相，无法相，亦无非法相”（即此节所说的“无我、无人、无众生、无寿者”）。又说，若有人“得闻是经，信心清净，即生实相。当知是人成就第一希有功德”。

本节经文最后一段是对持经功德的说明。前面曾先后四次说明持经功德胜于布施无量无数，每次比较各有不同。本节又换了一种说法，成了将七宝堆集成像三千大千世界之内的所有须弥山，用来布施。五处经文各有特色，其比较程度逐渐升级，后者总是超过前者。

【经文】

“须菩提：于意云何？汝等勿谓如来作是念——‘我当度[1]众生’。须菩提，莫作是念。何以故？实无有众生如来度者。若有众生如来度者，如来即有我、人、众生、寿者[2]。须菩提，如来说有我者，即非有我，而凡夫[3]之人以为有我。

“须菩提：凡夫者，如来说即非凡夫，是名凡夫。”

【注释】

〔1〕度：即前面所说的“灭度”。指使众生进入涅槃境我界而获永恒解脱。玄奘译本作“度脱”。

〔2〕有我、人、众生、寿者：即前文所讲的“有我相、人相、众生相、寿者相”；“著我、人、众生、寿者”；“著我见、人见、众生见、寿者见”。指对自我、他人、众生、寿者四种相状的执著。真谛译本作“即是我执……”；玄奘译本作“有我执……”；义净译本作“有我见……”。

〔3〕凡夫：广义指“六凡”，即天神、人类、阿修罗（恶神）、畜生、饿鬼、地狱六道中的各类众生。这里指尚未掌握佛法义理，未得解脱的俗人。流支译本作“毛

道凡夫生”(“毛道”亦称“毛头”，本义为“愚夫”。喻愚夫心行不定犹如轻毛随风而东西)；真谛译本作“婴儿凡夫众生”；玄奘译本作“愚夫异生”(“异生”即凡夫，谓其由无明所致而随业受报，堕于六道之中，各自不同，互有差异，故名)；义净译本作“愚夫众生”。

【译文】

如来佛怕弟子们对无上圣智绝对平等、无有高下的说法还有疑虑，便又以如来救度众生为例，对须菩提及座下弟子们说：

“须菩提：刚才我说无上圣智本性空寂、了无可得，绝对平等、凡圣一如，只要离一切执著之心，修一切善性之法，任何人都可证悟此智而获得救度。不知你们意下如何。你们千万不能认为如来佛是这样想的——‘我将去救度众生’。须菩提，可不要这样想。为什么呢？因为从真实的角度来讲，并没有什么众生可让如来佛去灭度。如果如来佛认为实有众生可度，那么，如来佛本身就是执著了自我、他人、众生、寿者的相状。须菩提，如来佛说有我的意思，并非真实地有我，但凡夫俗子妄心横行，不明无我之理而硬是认为有我。所以说，若如来认为实有众生可度，如来就是认为有我；而认为有我，那就不是如来而是凡夫俗子了。

“须菩提：所谓凡夫，如来佛认为并非真实的凡夫，而只是假名的凡夫。”

【说明】

本节经文是直接从上节衍生出来的。上节讲无上圣智绝对平等，无有高下，无论是圣人还是凡夫，只要远离一切执著，修持一切善法，皆可平等地证得这种智慧。因为这种智慧从本质上看就是无所得、无所住，所以一旦达到毫无执著、了无所得的纯净心地，这种智慧也就算是得到了。由于这种智慧是至高无上的无漏圣智，所以证得此智也就是证成佛果，获得最终解脱。可见人的解脱与否，并不在于谁来救度，关键在于悟理。但是，一般人总是认为如来佛是救度众生的救主，凡夫只有通过他才可获得最终的解脱。这种认识与上节所说的“是法平等、无有高下”是相互矛盾的。所以，如来佛又辗转说明而推衍出本节经文。

本节的主要内容就是否定救度众生的真实性。这是从两个方面来说明：一是说明如来佛不认为自己可以救度众生，因为如来佛无有我执，并不认为有真实可取的我存在。二是说明实无众生如来可度，因为众生本质上也是不真实的，如来绝无众生之执。所以说，无论是圣人还是凡夫，本身都是一无所有、了不可得，真性之内毫无差别，圣智面前绝对平等。

实无众生可度，关键是因为真性之内的绝对平等，而这与一切法无我又是密切相关的。如来说有我并非认为有真实之我。谁认为有我，谁就是凡夫。本节第三段是随说随破之文，即对上述所说的凡夫的破除，指出凡夫也非真实的凡夫，由于并无实体可得，所以只是假名为凡夫而已。

前面的经文曾先后三次提到灭度众生，第一次是经初如来佛回答须菩提“云何应住、云何降伏其心”之问时说的，其文曰：“所有一切众生之类，……我皆令入无余涅槃而灭度之。如是灭度无量无数无边众生，实无众生得灭度者。何以故？须菩提，若菩萨有我相、人相、众生相、寿者相，即非菩萨。”这是离我相度生。第二次与此文略同，只是紧随其后有文曰：“所以者何？须菩提，实无有法发阿耨多罗三藐三菩提心者。”这是否定有能度众生之菩萨。第三次经文曰：“须菩提：菩萨亦如是。若作是言——‘我当灭度无量众生’，即不名菩萨。何以故？须菩提，实无有法，名为菩萨。”这也是否定有能度众生之菩萨。本节所讲的度生，如前所述，是为了解释真性之内平等、为何还有度生的疑问。

【经文】

“须菩提：于意云何？可以三十二相观如来不？”

须菩提言：“如是，如是。以三十二相观如来。”

佛言：“须菩提：若以三十二相观如来者，转轮圣王[1]即是如来。”

须菩提白佛言：“世尊，如我解佛所说义，不应以三十二相观如来。”

尔时世尊，而说偈言[2]：

若以色见我，以音声求我，

是人行邪道，不能见如来。

“须菩提：汝若作是念——‘如来不以具足相故，得阿耨多罗三藐三菩提’。须菩提，莫作是念——‘如来不以具足相故，得阿耨多罗三藐三菩提’。须菩提，汝若作是念——‘发阿耨多罗三藐三菩提心者说诸法断灭’[3]。莫作是念。何以故？发阿耨多罗三藐三菩提心者，于法不说断灭相。

“须菩提：若菩萨以满恒河沙等世界七宝，持用布施。若复有人知一切法无我[4]，得成于忍[5]，此菩萨胜前菩萨所得功德。何以故？须菩提，以诸菩萨不受福德故。”

须菩提白佛言：“世尊：云何菩萨不受福德？”

“须菩提：菩萨所作福德，不应贪著[6]，是故说不受福德。

“须菩提：若有人言，如来若来若去、若坐若卧，是人不解我所说义。何以故？如来者，无所从来，亦无所去，故名如来。”

【注释】

〔1〕转轮圣王：亦称“转轮圣帝”，简称“转轮王”、“轮王”。又因飞行空中，也称“飞行皇帝”。古印度神话中的圣王，因手持轮宝而得名。此王由天感得轮宝，在位时转轮宝而降伏四方。佛教袭用，认为此王具足三十二种殊妙之相，拥有七宝千子。七宝中最重要的是轮宝，有金、银、铜、铁四种，据说“其轮千辐、具足毂辋，众相圆净，如巧匠成”(《施设足论》)。可威伏一切。轮王即位时，此宝即从空中显现，殊妙光明映照王室。轮王因各自得到不同的轮宝而分为四种，分别称金、银、铜、铁轮王。他们各有不同的地域：金轮王领四洲；银轮王领东、南、西三洲；铜轮王领东、南二洲，铁轮王领南阎浮提洲。

〔2〕偈言：亦译“颂”(如玄奘、义净译本)。是佛经的一种体裁。由固定数字的四句组成(参前“四句偈”注)。这里的“偈言”指别偈。

〔3〕断灭：即断灭之见，简称断见。否定任何因果关系，认为一切都是绝对的空寂。为五恶见中的第二见，与常见相对，同称“边见”。也称“恶取空”。《楞伽经》称“增上慢空见”。被视为邪见中的极恶者。《止观》中说：“宁起见如须弥山，不恶取空。”佛教认为诸法无我，即一切事物和现象均由一定的因缘关系而成，内部没有永恒的主宰，故而非常、非实。但同时承认因果关系的存在，不能认为因果相断，一切绝对空寂。如果这样，就是弃有著空。犹如避溺而投水，终不得解脱之门。

〔4〕一切法无我：即诸法无我。为佛教“三法印”(印证是否真正佛教的标志)之一。分两种：一是“人无我”，认为人由五蕴假合而成，没有恒常自在的主体；二是“法无我”，认为一切法皆由种种因缘和合而生，不断变迁，无恒常坚实的主体。

〔5〕忍：梵文“羼提”的意译。亦译“堪忍”(玄奘译本)。分类较多，基本有三义：(一)“耐怨害忍”，即能够忍耐各种怨恨、仇害；(二)“安受苦忍”，即安于忍受各种苦难；(三)“谛察法忍”，即能认可佛教真理。由此三项推而广之，“忍”即是对于一切事物的信受认可。可见它属于智的一类。但佛教常指两种：一是忍耐违逆之境而不起瞋心(包括上述三义中的前二义)，称“忍辱波罗蜜多”，为“六波罗蜜”之一。二是安住于佛教真理而不动心，为“智”的别称，最常见的是“无生法忍”，即大乘菩萨于佛教修习的一定阶段所获得的对实相真如的认识。流支译本即作“无生法忍”；真谛译本作“无生忍”(无生法忍的简称)。

〔6〕贪著：“贪”即贪爱、贪欲、贪图。指染著于五欲之境而不离，爱恋于顺情之尘而无厌。为佛教“三毒”(贪、瞋、痴)之一。《俱舍论》卷16说：“于他财物恶欲名贪。”《成唯识论》卷6说：“云何为贪？于有(指众生本身)、有具(指众生赖以生存的物质条件)染著为性，能障无贪、生苦为业”。“著”即执著、染著、执取、不离。“著”是“贪”的必然产物。贪而无有厌足，著必趋而不息。它译本分别作“取”、“执取”、“越取”、“摄受”。“取”即是执著、追求，“越取”即不正之取，也即是“贪著”。

【译文】

不仅凡夫非实而假有，就是如来佛自身也是如此。所以，佛又接着问须菩提道：

“须菩提：在你看来，可以通过三十二种殊妙身相观想如来佛吗？”

须菩提回答说：“是的，是的，可以借助三十二种身体相貌特征来观想如来佛。”

听须菩提这样回答，如来佛便立即告诉他说：“须菩提：如果以三十二种身相特征来观想如来佛的话，那么，转轮圣王也具备三十二种殊妙身相，他就是如来佛了。”

须菩提理解佛说此话的含义，便说：“世尊：按照我的理解，佛说这话的意思是不应以三十二种身体相貌特征来观想如来佛，因为三十二相只是有为之外相，而不是无为之法身，所以并不能代表如来佛本来清净之真性。”

这时，世尊又说了一句偈颂：

若以色见我，以音声求我；

是人行邪道，不能见如来。

如来佛怕听法者又陷入另一个极端，便接着说：“须菩提：你是否有这种念头——‘如来佛不因为具备完美无缺的各种殊妙身相而得到无上圣智’。须菩提，你可不能这么想，认为如来佛不因为具备完美无缺的各种殊妙身相而得到无上圣智。须菩提，你是否有这样的念头——‘发心求证无上圣智者认为一切事物、现象、概念、特性等都是毫无因果联系的绝对空寂。’你不要有这样的想法。为什么呢？因为发心求证无上圣智的人，绝不能认为一切事物、现象、概念、特性等都是绝对虚无的断灭之相。你们应当知道，一切虽非真，但假有仍存在，正如无筏不得渡河，无指不得望月一样，无法则难以入道，无相亦难以悟性。只有既否定一切的实有，又否定一切的断灭，认识到非实的本质和假名的价值，才能悟得真如实相、证得无上圣智。”

既不著色声之相，也不著断灭之相，远离边见，行于中道，这才是通达无我之法。以此为指导则可无住于一切而行于一切。如来佛又以福德果报为例，对须菩提说：“假如有菩萨将恒河沙数世界的七宝全部拿来布施；再假如有人懂得一切事物、现象、概念等皆无独立、永恒的实体，并对此产生坚定牢固的认识，那

十八罗汉之伏虎罗汉　宾头卢尊者，曾降伏过猛虎。

么，这位菩萨的功德将胜过前面那位布施菩萨所得的功德。为什么呢？须菩提，因为各位菩萨实际上并不接受什么福德。”

须菩提对佛说：“世尊：怎样才叫菩萨不接受福德呢？”

“须菩提：菩萨悟得一切事物、现象、概念等皆无独立永恒的实体；同时又不否定这一切事事物物的假有的价值。所以他一方面做福德；另一方面他又不贪著于福德。正因为如此才说菩萨不接受福德，不能说菩萨不接受福德就彻底否定了福德的价值，要知道菩萨作为发心求证无上圣智者，他将不持绝无因果、荡空一切的断灭之见。”

如来既不可以身相观，又不可以断灭说，那么到底应如何认识呢？如来佛对须菩提说：“如来清静无为之性体，不必通过断灭一切有为之相来认识，但也不能执著于色身应化之迹象。如果有人说，如来佛好像是来了，又好像是去了；若来也不一定来，若去也不一定去，恍恍惚惚，似是而非。一会儿见其好像是坐着，一会儿看其好像是睡着。如此认识如来佛的人肯定没有理解我刚才所说之法的义理。为什么呢？因为如来应化的有为色身有来去坐卧之相，这是如来佛为教化众生的需要而应机变现的；但如来的法身本性却是无形无相、本来寂静的，它无处不在，遍布各处，所以说，如来既没有从哪个地方来，也没有到哪个地方去。如来的法身也就是诸法的实相真如，可以说山河大地、芸芸众生无处不有佛，无一不是佛，佛性布满虚空，灵应无方，如实而来，如实而去，只可证悟，不可眼观、只可会意，不可言传，以此之故而名之为如来。”

【说明】

本节经文可分为两大层次四个部分。两大层次即一方面不能以色身外相认识如来佛，以免有为之假相障蔽无为之真身。另一方面也不能通过彻底否定色身之相而认识如来佛，以免陷入绝无因果的断灭之见。第一层强调非实性；第二层强调非虚性。即既不认其真而妄生执著之心，又不视其虚而妄生恶空之见。既不左也不右，既对立又统一，一分为二，不走极端。这是本节经文的核心思想，也是整个《金刚经》般若思想体系的基本特色。前面我们曾说《金刚经》可分为两大主题，其一是否定虚无，其二是否定实有，前者是为防止断灭偏见，后者是为防止执实偏见。这与“即非—是名”双遣否定法也是完全一致的。

本节经文包括四个部分：

第一部分讲不能以色身外相认识如来。经文先以问答方式启发诱导，得出“不应以三十二相观如来”的结论。接着如来佛以偈颂的格式指出，如果有人以眼根可见的各种颜色、明暗、形象、动静等(统称为“色”)观看如来佛；以耳根可闻的各种音声特性来追寻如来佛，那么，这个人就是行于邪道，即偏离了佛所讲的非实假有、离相无住的中道实理之理。这样去认识如来佛是永远也不能悟得如来的法身本性的。这一部分通过否定身相的真实性，说明身相不同于佛性。相是表现于外的、有生灭变化的、非实假有的、非永恒常在的，所以是不能够妄生执著的；性是如来之法身，也即万有之实相，宇宙之本性，它是深藏于内、无形无象、不生不灭、非实非虚、永恒常在的。前者是认识可及的，而后者是一般认识所不能及的。

这里关于法身、法性的思想在其他5种译本中是比较明确的，表现在如来佛所说的偈颂中。除罗什本外，诸本偈颂皆为八句，其中前四句均与罗什本含义相同；后四句都提到佛之法身、法性问题。如流支本："彼如来妙体，即法身诸佛。法体不可见，彼识不能知。"（诸佛法身是一种无形无象、不可见闻、一般见识所不能体悟的微妙法体）玄奘、义净译本后四句皆同："应观佛法性，即导师法身。法性非所识，故彼不能了"（应通过佛的法性之身观佛，而这法性之身又非一般认识能及的对象）。

第二部分讲不能绝对否定身相而来认识如来佛。"阿耨多罗三藐三菩提"是惟佛具有的无上圣智，所以文中说的得此圣智也就是指证成佛身。如来佛告诫须菩提说，不要认为佛是通过彻底否定各种妙相而得以证成的。这种彻底否定相的做法是不符合无上圣智之理的，此智要求人们看到相的非实性，但同时承认相的非虚性，包括圣智在内的一切无不是非实非虚的东西。唐玄宗注说："菩提中道，不有不无。若作有念者，则堕于诸法常，诸法实非常；若作无念者，则堕于诸法断，诸法实非断。故于菩提中，不得生有、无见，亦不得作常、断说。"（房山石经《御注金刚般若波罗蜜经》）"非断"就是指非绝对的虚无，应承认假有的存在和价值。大乘"方便善巧"理论（即菩萨的修行济世普度众生）就是在此基础上建立起来的。而若没有这种"方便善巧"，大乘佛教恐怕早就消失了。所以，不能持绝对否定的观点。佛教称此为"断见"，即此处所说的"断灭"，与上面所说的以相求佛同样是一种邪见，甚至比有见更为可怕。所以，经中郑重宣布："发阿耨多罗三藐三菩提心者于法不说断灭相。""断灭相"之说表明，绝对否定一切相的断灭之见本身仍未真正离相。它在否定相的同时，又执著于另一种相，亦即前文所说的"非法相"，其他经中所说的"空相"、"无相相"。可见破相并非究竟，去执才是目的。若执取一无相之相为绝对真实，同样未离意识分别，而是弃有著无，陷入对否定一切相之后的无相的执取。所以《大智度论》卷61中说的三种离相之一便是离无相相。

第三部分以功德较量的形式出现，可说是对上述两部分的举例说明。一切相皆非真实可取，故菩萨不贪福德；一切相皆非断灭无用，故菩萨仍广修福德，正因为如此，福德也有大小之分，如恒沙世界七宝布施之福就不如知一切法非实假有而成"无生法忍"所获的福德。

第四部分是对本节经文的总结。前面讲既不能以相见佛，又不能灭相见佛，那如来佛到底应如何看呢？这里说，一方面看如来佛有行、住、坐、卧四种"威仪"，但这只是外相，是法身如来的应化。另一方面，法身如来是无形无相、遍满各处的，所以"无所从来，亦无所去"。根据如来佛所说的金刚般若无相无住之理，要看如来还是要透过来去坐卧这些表面现象而看其寂然不动的真性。由于如来的法身同时也就是宇宙之实相，万有之真如，所以悟得此身，也就是悟得实相，得到解脱。可见，归根结底也是要即相离相，离相而悟实相。

另外，本节经文中的第一句问答之词颇令人费解。佛问须菩提可否以三十二种殊妙身相观如来。须菩提回答："如是，如是，以三十二相观如来。"前已出现过四次关于是否可以身相见佛的提问，其中有一次也是以三十二相来问的，每次须菩提都给予否定性回答，深得如来佛的赞许。怎么在法会快要结束，而且是须菩提"深解义趣"之后，对是否可以身相观佛的提问却会作出肯定性回答？这种错误认识使得如来佛又以转轮王为例，启发他重新得出"不应以三十二相观如来"的结论。这与前面形成明显的矛盾。历史上，注释家们对此所作解释多难以令人信服。

根据现在资料及现存各种罗什译本，此处无一例外，皆做肯定答复，看来并不是译本流传过程中出现了讹变。但我们查对了其他各种译本，此处却无一例外的皆为否定性回答。另外，目前国际上所刊行的三个梵本中，吉乐吉特梵本和中亚梵本此处与罗什译本基本相同，亦为肯定性回答，只是罗什本中的"三十二相"在梵本中为"诸相具足"。综上可以推测，罗什译本既不是流传过程中出现了讹变，也不是罗什本人的误译，而是所据梵本的不同，由于前后逻辑上的不甚相通，所以很可能是所据梵本在流传过程中出现了差错。

【经文】

"须菩提：若善男子、善女人以三千大千世界碎为微尘，于意云何？是微尘众宁为多不？"

须菩提言："甚多，世尊，何以故？若是微尘众实有者，佛即不说是微尘众。所以者何？佛说微尘众，即非微尘众，是名微尘众。"

"世尊：如来所说三千大千世界，即非世界，是名世界。何以故？若世界实有者，即是一合相[1]。如来说一合相，即非一合相，是名一合相。"

"须菩提：一合相者，即是不可说，但凡夫之人贪著其事。"

"须菩提：若人言佛说我见、人见、众生见、寿者见。须菩提，于意云何？是人解我所说义不？"

"不也，世尊。是人不解如来所说义。何以故？世尊说我见、人见、众生见、寿者见，即非我见、人见、众生见、寿者见，是名我见、人见、众生见、寿者见。"

【注释】

〔1〕一合相：众合为一之相。这里指世界之一相作为众多微尘的聚合，由多体而成为一体。如僧肇注中说“假众为一”。吉藏注中说：“一合相者，合众尘成世界也。”一合相是凡夫执著世界为实有的产物。如唐玄宗注中说：“不识无性，以为实有者，则是知一和合之相。和合众尘以成世界，岂有定世界耶？”真谛译本作“聚一执”，玄奘译本作“一合执”，含义更为明显。另外有许多注释家认为一合相指无形无象、不可分离、遍满虚空的真性或佛性。

大势至菩萨　又称势至菩萨、势志菩萨。与观世音菩萨同为西方极乐世界阿弥陀佛之胁侍，为西方三圣之一。

【译文】

这时，如来佛又问须菩提道：“须菩提：假如有善男信女把三千大千世界都粉碎为微尘，在你看来，所有这些微尘到底多不多呢？”

须菩提说：“很多，世尊。为什么呢？因为如果认为这些尘都是真实存在的，那么如来佛就不会说它们是微尘。之所以这样讲，是因为如来佛曾说，众多的微尘皆无真实之体性，所以从本质上讲它们并非什么真真正正的微尘，而只是勉强给它们起个名字叫微尘而已。”

须菩提接着说：“世尊：如来佛所说的三千大千世界也不是真实可取的世界，它由无数微尘聚合而成。本身并非独立永恒的实体，所以只是临时假名为世界罢了。为什么呢？因为，如果说世界是实有的话，那么也就是认为世界是一独立完整、非散合一的整体。其实这种合一的整体也不过是由无数个极小的微尘聚合而成的。合中有散，一中有多，总中有别，并无肯定真实的一合之相。所以如来佛说，一合之相并非一合之相，只是名作一合之相。”

听完须菩提的解释之后，如来佛说：“须菩提：这种众合为一的相状是在一定条件下形成的，既无实体，又非永恒；既非总体，也非个别，不可定说，不可执取。但是凡夫俗子不解佛说之义，未悟般若之理，误以此一合之相为实，由此而生起贪欲和执著，对世界上的各种事物、各种现象遍起分别，广行计较，从而邪见横行，烦恼无边。”

谈到凡夫俗子的贪著与邪见，如来佛又说：“须菩提：如果有人认为如来佛在说法过程中经常提到要破除对自我、他人、众生、寿者四相的执著，那就是说确实存在关于四相为实的见解，即所谓有我见、人见、众生见、寿者见。须菩提，你认为持这种看法的人是否理解了我说的道理？”

须菩提回答说：“没有，世尊。持这种看法的人并没有真正理解如来佛所说之法的含义。为什么呢？因为世尊所说的自我的见解、他人的见解、众生的见解、寿者的见解，只是凡夫俗子在未明般若无相无住之理的情况下而起的一种虚幻不实的见解，不光他们自身是不真实的，就是他们所追求的对象也是虚假的，所以他们关于自我、他人、众生、寿者为实的见解本身也是不真实的。因此不能认为这四种妄见是真实存在的妄见，当然也不能绝对地说就不存在这种妄见，凡夫的虚妄之执还是有的，所以才把对我等四相的执著名之为我见、人见、众生见、寿者见。”

【说明】

本节经文可分为两大部分，其一是前四段以微尘、世界为例，说明物质现象的非实假有、不可执著；其二是后两段，以我等四见为例，说明精神现象的非实假有、不可执著。佛教把物质现象称“色法”，把精神现象称“心法”(包括心法和心所法两种)。除既不属色法也不属心法的“不相应行法”外，色心二类法构成“有为法”的主要部分。有为法即因缘和合而成、处于相互联系之中、有生灭变化的一切事物和现象。与此相对，凡一切非因缘和合而成、无生灭变化的事物和现象皆是无为法。上节经文所说的，不能以三十二相观、不能以色相音声求、无所从来、亦无所去的如来清净法身即是无为法。前三节所说的“是法平等、无有高下”的阿耨多罗三藐三菩提，还有前面所说的诸法“如”、“实相”、“般若”、“无余涅槃”等皆是无为法。无为法无形无象、非实非虚、不可执著。有为法有生有灭，但皆是虚妄非真，幻化不实。本节所举色、心二法，即是对有为法的深入剖析和彻底否定。

第一部分对物质世界的否定是通过微尘与世界两方面来进行的。微尘是构成大千世界的基本元素，无量无数的微尘在一定条件下聚合而成世界。而所有这些微尘又都不是真实的存在，每个微尘都可再分为七个极微尘、四十九个邻虚尘，而邻虚几乎就是零。所以说，微尘本身也是因缘和合而成、生灭变化无常、非独立实存、非永恒自在的实体。正是在这种无实的前提之下，才给这种元素起名叫作微尘，并由此而说其数量的众多。如果脱离了这一前提，认为微尘是实有的，那就不能说其数量之多，因为此时说其多已不是知其非实假有而权且方便之说，而是虚妄执著的邪恶之见，必会导致一系列的烦恼，造起一系列的恶业。

既然微尘是非实假有的，那么，由微尘构成的世界也就不可能是真实的。所以，经文在否定了微尘之后紧接着说：“如来所说三千大千世界，即非世界，是名世界。”世界作为无数微尘的聚合，相对于一粒粒微尘来说，表现为一个整体，呈现出总相。凡夫俗子由于智慧浅薄，误认为这种一合之相是实有的，而实际上，一合之总相乃分散之别相所成，合相之中并无独立永恒的实体，别相之内亦无绝对的主宰和真实的存在，何况总相可碎之为别相，别相可聚之为总相，多可变为一，一可变为多。总之同异、合散、总别、一多皆不可定说、不可定取，切不可对其妄生邪见，广起贪著，以免障蔽真心，阻碍悟道和最终解脱。

第二部分对精神现象的否定是以我、人、众生、寿者四种见解为例而进行的。四见是恶见的一种，恶见是心所法的一类，心所法又是心法的一个组成部分。心法即一切精神现象的总称。心法中有心识的主体，也有与此心识相应而起的心所。心所法中有相互对立的善法与烦恼法，前者如本经中所说的“清静心”、“发阿耨多罗三藐三菩提心”、“净信”、“无所住心”等。后者如本经中提到的有住心、取相心、狂乱心、狐疑心及此节经文中所说的四种妄见等。心法虽有善恶标准的不同，但其非实的本质却是一样的。所以，这里对四见的否定即可代表《金刚经》对一切精神现象的态度。

破除对我、人、众生、寿者四相的执著也即四种妄见是《金刚经》反复强调的关键性内容之一，经中把有无四相作为是否真正菩萨、是否能最终解脱、是否能修行忍辱波罗蜜、是否能信受此经、是否能通达无我之法、是否能获得无上圣智等的基本前提，和判别佛与凡夫、“发大乘者”与“乐小乘者”的标志。从一方面来看，破除四见是般若扫相的必然步骤，但从另一方面讲，这似乎又在承认的确存在着一种必须用金刚般若去扫除的境界即四种妄见。金刚般若的特点是扫除一切相，包括扫除“扫除之相”，一直扫到无一丝一毫的相，这才叫清净无染之心，才是真正降伏了妄心、安住了真心，才是金刚般若波罗蜜所要达到的、与无上圣智相符的无上妙乐境地。所以本节经文中讲，我等四见本身并非真实存在，发心求无上圣智者切不可在破除四见的同时，心中又执著于所要破除的对象，认为真实存在着四见，心里总想着四见是多么的可怕，多么的难以降伏，总想着拿起金刚般若这把宝剑去破除它。殊不知般若无实、不可执著；能破之我无实不可执著；所破之妄见无实同样不可执著；破除四见之后所要证悟的无上圣智也是无实而不可执著。如果心中总想着要破除什么，那么旧相未破而又增加了新的妄相，所以拿起金刚般若这把宝剑的同时，就应悟到包括自已、般若、所破对象等一系列的相皆是非实假有而不可执著的。正像佛家常说的，金刚般若犹如大火聚，触之者无一不被烧毁。《金刚经》在反复告诫人们不要以四相为实而妄生执著之后，又说以四相为实而妄生执著的见解本身并不是真实存在的。由此也可以说，《金刚经》双遣否定并不认为它所要否定的对象本身是真实的、肯定的，而是认为这些对象本来就是不真实的、不肯定的，它所要否定的正是人们对这种不真实、不肯定的对象的执著及由此而生起的一切妄相。这也是《金刚经》的一大特色。

【经文】

“须菩提：发阿耨多罗三藐三菩提心者于一切法[1]，应如是知，如是见，如是信解[2]，不生法相。

“须菩提：所言法相者，如来说即非法相，是名法相。”

【注释】

〔1〕一切法：指一切有为法和一切无为法。

〔2〕如是知、如是见、如是信解："如是"指整个《金刚经》中所阐述的破相去执、无住生心的方法，亦即上节经文中的"即非—是名"双遣否定。"知"即知晓、了解；"见"即见解、领会；"信解"即相信并理解。古印度大乘学者无著认为，"知"侧重于内证，"见"侧重于外照，"解"则是知见之总名。这种解释后来为中国佛教界普遍接受。

【译文】

说到这里，如来佛又言归正传，郑重地告诉须菩提说："凡发愿成就无上正等正觉、立志行大乘菩萨道、誓愿证成佛果的善男信女，对于此岸和彼岸的一切事物、一切概念、一切境界、一切特性、一切义理及其他一切名言可及、概念可摄者，都应该按照上面所说的非实假有、无住无执的道理去觉知、去洞见、去信解。既否定实有，又否定虚无，心中不生一尘之念，不存一法之相。"

提起法相，如来佛又说："须菩提：凡所说的法相，如来佛认为它并非独立永恒、真实存在的可取之相，但也不是绝对虚无、毫无所用的断灭之相，法相非实而假有，所以名之为法相。"

【说明】

本节经文是对整个《金刚经》般若波罗蜜之法的总结。

前面我们曾说过，《金刚经》的全部经文就是围绕"发阿耨多罗三藐三菩提心者"如何降伏妄心、安住真心而展开的。经文的核心内容也正是阐述发心求无上圣智者应如何修心净意、求证圣智、体悟实相、成就佛果，从而最终解脱。所以本节经文所说的"发阿耨多罗三藐三菩提心者于一切法应如是知、如是见、如是信解，不生法相"，既与经首须菩提的总问遥相呼应，也与全经文理紧密相切，气脉贯通，是对全经的总体回顾和高度概括，真可谓画龙点睛之笔。经文至此，金刚般若之法已淋漓尽致、最终圆满。

"如是知、如是见、如是信解"是指按照上述经文所说破相去执、无住而住的金刚般若之法去认识一切事物、现象和概念，并相信以此般若观照之力即可洞见社会人生之真谛。"不生法相"就是内心不产生一切事事物物的概念和彼此高下等各种分别，也就是内心清静、荡然无住，于一切法不取不舍，既看到梦幻之假相而心净无染，又领会假有之妙相而修福行善，以使福慧双增，国土庄严，众生利乐，达到至高无上的精神境界，也即是轻安自在、活泼空灵、一尘不染、超凡入圣的境界。

"所言法相者，如来说即非法相，是名法相"是针对前句所说"不生法相"而来的。"不生法相"指心中不要产生对一切事物的相状的认识的分别，也就是说不执著于法相。为防止人们产生心不生法相而法相未尝无的想法，此处又采取本经常用的随说随扫的方式，对法相本身的非实假有特性做一补充说明。

【经文】

“须菩提：若有人以满无量阿僧祇世界七宝持用布施，若有善男子、善女人，发菩提心者，持于此经，乃至四句偈等，受持读诵，为人演说，其福胜彼。

“云何为人演说？不取于相，如如不动[1]。何以故？

一切有为法[2]，如梦幻泡影。

如露亦如电，应作如是观[3]。”

【注释】

〔1〕如如不动：像真如实相一样清净不动。“如如”，历来解释不一。窥基的《金刚经赞述》中说：“下一如字是真如，上一如字是比喻，谓化身说法之时不取有为相，犹如真如湛寂不动也。”另外有人认为：“如如”即真如，佛典中把真如有时称作“如如”，有时称作“如”。

〔2〕有为法：依赖于一定的原因和条件而形成、处于相互联系之中、有生灭变化过程的一切事物、现象、境界、概念等。《大乘义章》中把有为法分为三大类：(1)色法：即具有物质特性的法。(2)心法：即具有精神特性的法。(3)非色非心法：即既不具备物质特性，也不具备精神特性，以一定因缘关系而产生、有生灭变化的一切现象，也称“不相应行法”。意即与色、心二法不相一致，属于五蕴中的行蕴所摄。

准提菩萨　汉译有准胝观音、准提佛母、七俱胝佛母等名。准提菩萨为显密佛教徒所知的大菩萨，在禅宗，则称之为天人丈夫观音。

〔3〕此四句为一首颂语。但在罗什译本中，降四句本身皆为固定的五言偈外，并未说明此四句是如来佛以偈颂的形式说的。查其他译本在此四句前，皆有结经语表示它是以偈颂形式讲的，故此处以偈颂体排写。这里将有为法比喻成梦、幻、泡、影、露、电，佛家习称“六喻般若”。

【译文】

如来佛接着又说：“须菩提：如果有人将无量阿僧祇那么多的世界中的所有七种宝物，全部拿来进行布施；如果另外有善男信女发誓求证无上圣智，他们若能受持此经，甚至只受持其中的四句偈颂，阅读记诵，依其义理持行，并广泛地为他人演说，那么这些人由此所获的福将远远胜过以数七宝布施而获的福。

“怎么才叫为他人演说呢？当你为别人讲解演说经文的时候，不要执著于演说之相状，也就是说，不要心想自己在演说，别人在听我演说，甚至不要心存演说的时间、地点、方式、过程等一系列的演说之相，也不要心想别人听我演说之后，将会有所悟，我因演说将会获巨大福报。所有这一切之相，都不可取著，因为一切相状都是不真实的假相，似在为人演说，而实无演说，无所演说。就像一切虚幻之相背后的实相真如一样，非实非虚，若有若无，清静无为，寂然不动。

“为什么说在为人演说时要心契寂然不动之真如，不著非实假有的演说之相呢？因为为人演说属于一种有为之法，即是依一定的因缘关系而起、有开始有结束之变化过程的现象。而所有的有为之法都是不真实、不可著的。”

这时如来佛说颂道：

“一切有为法，如梦幻泡影。

如露亦如电，应作如是观。”

【说明】

《金刚经》常在一段义理之后，述说受持经典、为人解说的功德果报。本节经文也是如此。所不同的是，这里又根据金刚般若之法，对为人演说作了进一步剖析，所得出的“不取于相、如如不动”的观点，也可说是对本经各处出现的“为人解说”的统一看法。所以这节经文在金刚经中还是占有一定地位的。

“为人演说”过程中，涉及到解说者即菩萨、听法者即众生、所讲法即般若波罗蜜、所获福德、所求圣智、所除法相、所破妄见等一系列事相。这些前面的经文都曾给予非实假有、不可执著的判断，惟独对“为人演说”之举未置可否。由于经文一再渲染由为人解说而获的福德果报，很容易使人认为“为人演说”本身真实不虚，产生对演说之相的执著。金刚般若是要于一切事物皆无所住，所以一边为人讲解般若无住之理，一边还要对讲解无住之理本身也持无住的态度。中国禅宗所讲的“开口便错、动念即乖”、“言语道断、心行处灭”，是要学法者不执著于说法及说法之名相，息一切妄念，达到空灵自在，如此方能真正达到开悟。

本节经文分为三个部分，第一部分的福德果报较量，与前面多次出现的功德果报形式基本相同。第二部分对第一部分中所说的“为人演说”的真实性进行否定，告诉听法者不能执著于演说之相，远离外相，心地清净以契寂然不动之真如实相。如唐玄宗注释所说：“诸法性空，假立名字。假名之下，无相可求。故说法之人，不应取相，梦中占梦，岂有相耶？如义无相，故无去来，今说不取相，则如彼如矣。”(房山石经《御注金刚经》)第三部分是对第二部分的进一步说明。为什么不能执著于演说之相，因为演说是在一定因缘条件下生起的，有生、住、异、灭四种变化的有为法相，而一切有为的事物和现象皆如梦、如幻、如水泡、如虚影，没有真实之主体；如露水、如闪电，没有永恒之主宰。一切虚妄无常、不可取著。所以，凡为人演说者及听讲者皆应该像这样去观照演说之相，从而离相无住，契证真如之理，获得彻底解脱。

有许多注释家认为，本节经文中的四句偈是对全经的总结，所以可代表整个《金刚经》的中心思想，有人甚至以此认为《金刚经》只否定有为法，而不否定无为法。其实这里的四句偈仅仅是对为何不取演说之相的说明，而演说之相又是从福报较量中引生出来的，福报较量是一段义理阐释之后经常出现的一种说法形式。所以这节经文来者自然，说者无殊，根本不是什么总结。何况，《金刚经》否定一切法的真实可取性，绝非仅仅否定有为法，经中对无上圣智、实相、般若波罗蜜、如来法身等无为法同样以“即非—是名”双遣否定法予以否定，认为无法也是非实假有、不可定说、不可定取的。金刚般若的破相威力不光表现在对有为法，更重要的还是表现在对无为法的破除，因为无为之法无形无象，不生不灭、寂然不动，非言语可道，非理性可明，这种奇妙之法更难征服。金刚般若的特点就在于遇到什么就破除什么，甚至“逢佛杀佛”，毫不留情，只落得内心清净、坦荡无住，并以此清净之心而起一切修行，此即是无住而住，非行而行。般若法门之妙也正表现在这个地方。

【经文】

佛说是经已，长老须菩提及诸比丘、比丘尼〔1〕、优婆塞〔2〕、优婆夷〔3〕、一切世间天、人、阿修罗，闻佛所说，皆大欢喜，信受奉行。

【注释】

〔1〕比丘尼：梵语音译，亦译“苾刍尼”、“煏刍尼”、“比呼尼”等。意译“乞士女”、“除女”等。也称“沙门尼”，俗称“尼姑”。指正式出家受戒后的女子。

〔2〕优婆塞：梵语音译，亦译“乌波索迦”、“优波裟伽”、“伊蒲塞”。意译“清信士”、“信善男”、“近事男”。指皈依佛、法、僧三宝，接受五戒的在家男居士，也通称一切在家的男性佛教信徒。

〔3〕优婆夷：梵语音译，亦译“优婆斯”、“邬婆斯迦”。意译“近善女”、“近事女”、“近宿女”、“信女”、“清信女”。指皈依三宝、接受五戒的在家女居士，亦通称一切在家女佛教徒。

【译文】

如来佛说完这部经之后，须菩提长老和各位比丘、比丘尼、优婆塞、优婆夷，三界之内的一切天神、人类、阿修罗等听完佛的说法以后，如获至宝，皆大欢喜，深信不疑，完全领受，并决心恭奉此经，如理修行。

【说明】

这是最后一节经文，属于佛经三分(序、正宗、流通)中的流通分。所谓流通分即经文末尾以所说之法咐嘱弟子，使其流传四面八方。各种佛经的流通分基本上都是这一格式。另外也有人认为自上三节以下或自上二节以下皆属流通分。

坛 经

行由品第一

时，大师至宝林。韶州韦刺史与官僚入山，请师出，于城中大梵寺讲堂，为众开缘说法。师升座次，刺史官僚三十余人，儒宗学士三十余人，僧尼道俗一千余人，同时作礼，愿闻法要。

大师告众曰："善知识，菩提自性，本来清净，但用此心，直了成佛。善知识，且听慧能行由得法事意。

慧能严父，本贯范阳，左降流于岭南，作新州百姓。此身不幸，父又早亡，老母孤遗，移来南海，艰辛贫乏，于市卖柴。

时有一客买柴，使令送至客店。客收去，慧能得钱。却出门外，见一客诵经。慧能一闻经语，心即开悟，遂问：'客诵何经？'"客曰：'《金刚经》。'"复问：'从何所来，持此经典？'"客云：'我从蕲州黄梅县东禅寺来。其寺是五祖忍大师在彼主化，门人一千有余。我到彼中礼拜，听受此经。大师常劝僧俗，但持《金刚经》，即自见性，直了成佛。'"慧能闻说。宿昔有缘，乃蒙一客，取银十两与慧能，令充老母衣粮，教便往黄梅参礼五祖。

慧能安置母毕即便辞违。不经三十余日，便至黄梅，礼拜五祖。"祖问曰'汝何方人？欲求何物？'"慧能对曰：'弟子是岭南新州百姓，远来礼师，惟求作佛，不求余物。'"祖言：'汝是岭南人，又是獦獠，若为堪作佛？'"慧能曰：'人虽有南北，佛性本无南北。獦獠身与和尚不同，佛性有何差别？'"五祖更欲与语，且见徒众，总在左右，乃令随众作务。慧能曰：'慧能启和尚，弟子自心，常生智慧，不离自性，即是福田。未审和尚教作何务？'"祖云：'这獦獠根性大利。汝更勿言，著槽厂去。'"慧能退至后院。有一行者，差慧能破柴、踏碓。经八月余。

祖一日忽见慧能曰：'吾思汝之见可用，恐有恶人害汝，遂不与汝言，汝知之否？'"慧能曰：'弟子亦知师意，不敢行至堂前，令人不觉。'

"祖一日唤诸门人总来：'吾向汝说，世人生死事大，汝等终日只求福田，不求出离生死苦海，自性若迷，福何可救！汝等各去自看智慧，取自本心般若之性，各作一偈，来呈吾看。若悟大意，付汝衣法，为第六代祖。火急速去，不得迟滞。思量即不中用，见性之人，言下须见。若如此者，轮刀上阵，亦得见之。'

"众得处分，退而递相谓曰：'我等众人，不须澄

六祖慧能 （638 – 713） 慧能，一作惠能，俗姓卢，原籍范阳（郡治在今北京城西南）。佛教禅宗南宗创始人，是我国历史上有重大影响的思想家之一。

心用意作偈，将呈和尚，有何所益？神季上座现为教授师，必是他得。我辈谩作偈颂，枉用心力。'诸人闻语，总皆息心，咸言：'我等已后，依止秀师，何烦作偈？'

"神秀思维：诸人不呈偈者，为我与他为教授师。我须作偈，将呈和尚。若不呈偈，和尚如何知我心中见解深浅？我呈偈意，求法即善，觅祖即恶，却同凡心，夺其圣位奚别！若不呈偈，终不得法，大难大难！

"五祖堂前有步廊三间，拟请供奉卢珍画《楞伽经》变相及五祖血脉图，流传供养。神秀作偈成已，数度欲呈，行至堂前，心中恍惚，遍身汗流，拟呈不得。前后经四日，一十三度呈偈不得。秀乃思维：不如向廊下书著。从他和尚看见，忽若道好，即出礼拜，云是秀作。若道不堪，枉向山中数年，受人礼拜，更修何道！是夜三更，不使人知，自执灯，书偈于南廊壁间，呈心所见。偈曰：

'身是菩提树，心如明镜台，时时勤拂拭，勿使惹尘埃。'

"秀书偈了，便却归房，人总不知。秀复思维：五祖明白，见偈欢喜，即我与法有缘。若言不堪，自是我迷，宿业障重，不合得法，圣意难测。房中思想，坐卧不安，直至五更。

祖已知神秀入门未得，不见自性。天明，祖唤卢供奉来，向南廊壁间绘画图象。忽见其偈，报言：'供奉却不用画，劳尔远来。经云：凡所有相，皆是虚妄。但留此偈，与人诵持。依此偈修，免坠恶道。依此偈修，有大利益。'令门人炷香礼敬，尽诵此偈，即得见性。门人诵偈，皆欢善哉。

"祖三更唤秀入堂，问曰：'偈是汝作否？'"秀言：'实是秀作，不敢妄求祖位，望和尚慈悲，看弟子有少智慧否。'"祖曰：'汝作此偈，未见本性，只到门外，未入门内。如此见解，觅无上菩提，了不可得。无上菩提，须得言下识自本心，见自本性。不生不灭，于一切时中，念念自见。万法无滞，一真一切真。万境自如如，如如之心，即是真实。若如是见，即是无上菩提之自性也。汝且去一两日思维，更作一偈，将来吾看。汝偈若入得门，付汝衣法。'"神秀作礼而出。又经数日，作偈不成，心中恍忽，神思不安，犹如梦中，行坐不乐。

"复两日，有一童子于碓坊过，唱诵其偈。慧能一闻，便知此偈未见本性。虽未蒙教授，早识大意。遂问童子曰：'诵者何偈？'"童子曰：'尔这獦獠不知。大师言：世人生死事大，欲得传付衣法，令门人作偈来看，若悟大意，即付衣法，为第六祖。神秀上座于南廊壁上书无相偈。大师令人皆诵，依此偈修，免堕恶道，依此偈修，有大利益。'"慧能曰：'我亦要诵此，结来生缘。上人，我此踏碓八个余月，未曾行到堂前。望上人引至偈前礼拜。'

"童子引至偈前礼拜。慧能曰：'慧能不识字，请上人为读。'时有江州别驾，姓张，名日用，便高声读。慧能闻已，遂言：'亦有一偈，望别驾为书。'"别驾言：'汝亦作偈，其事希有！'"慧能向别驾言：'欲学无上菩提，不可轻于初学。下下人有上上智，上上人有没意智。若轻人，即有无量无边罪。'"别驾言：'汝但诵偈，吾为汝书。汝若得法，先须度吾，勿忘此言。'"慧能偈曰：

'菩提本无树，明镜亦非台，本来无一物，何处惹尘埃。'

"书此偈已，徒众总惊，无不嗟讶，各相谓言：'奇哉！不得以貌取人。何得多时使他肉身菩萨！'"祖见众人惊怪，恐人损害，遂将鞋擦了偈，曰：'亦未见性。'众以为然。

"次日，祖潜至碓坊，见能腰石舂米，语曰：'求道之人，为法忘躯，当如是乎！'乃问曰：'米熟也未？'"慧能曰：'米熟久矣，犹欠筛在。'"祖以杖击碓三下而去。慧能即会祖意，三鼓入室。祖以袈裟遮围，不令人见，为说《金刚经》。至'应无所住而生其心'，慧能言下大悟，一切万法不离自性。遂启祖言：'何期自性本自清净！何期自性本不生灭！何期自性本自具足！何期自性本无动摇！何期自性能生万法！'

"祖知悟本性，谓慧能曰：'不识本心，学法无益。若识自本性，见自本心，即名丈夫、天人师、佛。'"三更受法，人尽不知，便传顿教及衣钵，云：'汝为第六代祖，善自护念，广度有情，流布将来，无令断绝。听吾偈曰：

'有情来下种，因地果还生。 无情亦无种，无性亦无生。'

"祖复曰：'昔达摩大师，初来此土，人未之信。故传此衣，以为信体，代代相承。法则以心传心，皆令自悟自解。自古佛佛惟传本体，师师密付本心。衣为争端，止汝勿传。若传此衣，命如悬丝。汝须速去，恐人害汝。'"慧能启曰：'向甚处去？'"祖云：'逢怀则止，遇会则藏。'

"慧能三更领得衣钵，云：'能本是南中人，素不知此山路，如何出得江口？'"五祖言：'汝不须忧，吾自送汝。'祖相送直至九江驿。祖令上船。五祖把橹自摇。慧能言：'请和尚坐，弟子合摇橹。'"祖云：'合是吾渡汝。'"慧能曰：'迷时师度，悟了自度，度名虽一，用处不同。慧能生在边方，语音不正，蒙师传法，今已得悟，只合自性自度。'"祖云：'如是如是。以后佛法，由汝大行，汝去三年，吾方逝世。汝今好去，努力向南，不宜速说，佛法难起。'

慧能辞违祖已，发足南行。两月中间，至大庾岭。"五祖归，数日不上堂。众疑，诣问曰：'和尚少病少恼否？"曰：'病即无，衣法已南矣。'"问：'谁人传授？'"曰：'能者得之。'"众乃知焉。逐后数百人来，欲夺衣钵。一僧，欲姓陈，名慧明，先是四品将军，性行粗糙，极意参寻，为众人先，趁及慧能。慧能掷下衣钵于石上，曰：此衣表信，可力争耶？能隐草莽中。慧明至，提掇不动，乃唤云：'行者行者，我为法来，不为衣来。'"慧能遂出，盘坐石上。慧明作礼云：'望行者为我说法。'"慧能云：'汝既为法而来，可屏息诸缘，勿生一念，吾为汝说。'"明良久。慧能云：'不思善，不思恶，正与么时，那个是明上座本来面目。'"慧明言下大悟，复问云：'上来密语密意外，还更有密意否？'"慧能云：'与汝说者，即非密也。汝若反照，密在汝边。'"明曰：'慧明虽在黄梅，实未省自己面目。今蒙指示，如人饮水，冷暖自知。今行者即慧明师也。'"慧能曰：'汝若如是，吾与汝同师黄梅，善自护持。'"明又问：'慧明今后向甚处去？'"慧能曰：'逢袁则止，遇蒙则居。'"明礼辞。

明回至岭下，谓趁众曰：'向陟崔嵬，竟无踪迹，当别道寻之。'趁众咸以为然。慧明后改道明，避师上字。

"慧能后至曹溪，又被恶人寻逐。乃于四会，避难猎人队中。凡经一十五载，时与猎人宜说法。猎人常令守网。每见生命，尽放之。每至饭时，以菜寄煮肉锅。或问，则对曰：'但吃肉边菜。'"一日思维：时当弘法，不可终遁。遂出至广州法性寺，值印宗法师讲《涅槃经》，时有风吹幡动，一僧曰：'风动。'一僧曰：'幡动。'议动不已。慧能进曰：'不是风动，不是幡动，仁者心动。'"一众骇然。印宗延至上席，征诘奥义。见慧能言简理当，不由文字。宗云：'行者定非常人。久闻黄梅衣法南来，莫是行者否？'"慧能曰：'不敢。'"宗于是作礼，告请传来衣钵，出示大众。

达摩 （？－535），全称菩提达摩，南天竺人，婆罗门种姓，原名菩提多罗。是中国禅宗的初祖。

宗复问曰：'黄梅付嘱，如何指授？'"慧能曰：'指授即无，惟论见性，不论禅定、解脱。'"宗曰：'何不论禅定、解脱？'"慧能曰：'为是二法，不是佛法。佛法是不二之法。'"宗又问：'如何是佛法不二之法？'"慧能曰：'法师讲《涅槃经》，明佛性是佛法不二之法。如高贵德王菩萨白佛言：犯四重禁，作五逆罪，及一阐提等，当断善根佛性否？ 佛言：善根有二，一者常，二者无常，佛性非常非无常，是故不断，名为不二。一者善，二者不善，佛性非善非不善，是名不二。蕴之与界，凡夫见二，智者了违，其性无二。无二之性，即是佛性。'"印宗闻说，欢喜合掌，言：'某甲讲经，犹如瓦砾；仁者论义，犹如真金。'于是为慧能剃发，愿事为师。慧能遂于菩提树下，开东山法门。

"慧能于东山得法，辛苦受尽，命似悬丝。今日得与使君官僚僧尼道俗同此一会，莫非累劫之缘，亦是过去生中供养诸佛，同种善根，方始得闻如上顿教，得法之因。教是先圣所传，不是慧能自智。愿闻先圣教者，各令净心。闻了，各自除疑，如先代圣人无别。"一众闻法欢喜，作礼而退。

般若品第二

次日，韦使君请盖。师升座，告大众曰："总净心念'摩诃般若波罗蜜多'。"复云："善知识，菩提般若之智，世人本自有之，只缘心迷，不能自悟，须假大善知识，示导见性。当知愚人智人，佛性本无差别，只缘迷悟不同，所以有愚有智。吾今为说摩诃般若波罗蜜法，使汝等各得智慧。志心谛听，吾为汝说。

善知识，世人终日口念般若，不识自性般若，犹如说食不饱，口但说空，万劫不得见性，终无有益。'"善知识，'摩诃般若波罗蜜'是梵语，此言'大智慧到彼岸'，此须心行，不在口念。口念心不行，如幻如化，如露如电；口念心行，则心口相应。本性是佛，离性无别佛。"何名'摩诃'？ 摩诃是'大'，心量广大，犹如虚空，无有边畔，亦无方圆大小，亦非青黄赤白，亦无上下长短，亦无瞋无喜，无是无非，无善无恶，无有头尾，诸佛刹土，尽同虚空。世人妙性本空，无有一法可得。自性真空，亦复如是。

“善知识，莫闻吾说空便即著空。第一莫著空，若空心静坐，即著无记空。善知识，世界虚空，能含万物色相，日月星宿，山河大地，泉源溪涧，草木丛林，恶人善人，恶法善法，天堂地狱，一切大海，须弥诸山，总在空中。世人性空，亦复如是。

善知识，自性能含万法是大。万法在诸人性中，若见一切人恶之与善，尽皆不取不舍，亦不染着，心如虚空，名之为大。故曰摩诃。善知识，迷人口说，智者心行。又有迷人，空心静坐，百无所思，自称为大。此一辈人，不可与语，为邪见故。

“善知识，心量广大，遍周法界，用即了了分明，应用便知一切。一切即一，一即一切，去来自由，心体无滞，即是般若。善知识，一切般若智，皆从自性而生，不从外入，莫错用意。名为真性自用，一真一切真，心量大事，不行小道。口莫终日说空，心中不修此行，恰似凡人自称国王，终不可得，非吾弟子。

“善知识，何名‘般若’？般若者，唐言‘智慧’也。一切处所，一切时中，念念不愚，常行智慧，即是般若行。一念愚，即般若绝；一念智，即般若生。世人愚迷，不见般若。口说般若，心中常愚，常自言我修般若，念念说空，不识真空。般若无形相，智慧心即是，若作如是解，即名般若智。

“何名‘波罗蜜’？此是西国语，唐言‘到彼岸’。解义离生灭，著境生灭起。如水有波浪，即名为此岸。离境无生灭，如水常通流，即名为彼岸，故号波罗蜜。“善知识，迷人口念，当念之时，有妄有非。念念若行，是名真性。悟此法者，是般若法。修此行者，是般若行。不修即凡，一念修行，自身等佛。

善知识，凡夫即佛，烦恼即菩提。前念迷即凡夫，后念悟即佛。前念著境即烦恼，后念离境即菩提。“善知识，摩诃般若波罗蜜最尊、最上、最第一，无住、无往、亦无来。三世诸佛从中出。当用大智慧打破五蕴烦恼尘劳。如此修行，定成佛道，变三毒为戒定慧。

“善知识，我此法门，从一般若生八万四千智慧。何以故？为世人有八万四千尘劳。若无尘劳，智慧常现，不离自性。悟此法者，即是无念。无忆无著，不起诳妄，用自真如性。以智慧观照，于一切法，不取不舍，即是见性成佛道。

“善知识，若欲入甚深法界及般若三昧者，须修般若行，持通《金刚般若经》，即得见性。当知此经功德无量无边。经中分明赞叹，莫能具说。此法门是最上乘，为大智人说，为上根人说。小根小智人闻，心生不信。何以故？譬如天龙下雨于阎浮提，城邑聚落，悉皆漂流，如漂枣叶。若雨大海，不增不减。若大乘人、若最上乘人闻说《金刚经》，心开悟解，故知本性自有般若之智。自用智，常观照，故不假文字。譬如雨水，不从天有，元是龙能兴致，令一切众生、一切草木、有情无情，悉皆蒙润，百川众流，却入大海，合为一体。众生本性般若之，亦复如是。

善知识，小根之人，闻此顿教，犹如草木。根性小者，若被大雨，悉皆自倒，不能增长。小根之人，亦复如是。元有般若之智，与大智人，更无差别。因何闻法，不自开悟？缘邪见障重，烦恼根深。犹如大云覆盖于日，自心迷悟不同。迷心外见，修行觅佛，未悟自性，即是小根。若开悟顿教，不执外修，但于自心常起正见，烦恼尘劳，常不能染，即是见性。

善知识，内外不住，去来自由，能除执心，通达无碍，能修此行，与《般若经》本无差别。“善知识，一切修多罗及诸文字，大小二乘，十二部经，皆因人置。因智慧性，方能建立。若无世人，一切万法，本身不有，故知万法本自人兴。一切经书，因人说有。缘其人中，有愚有智。愚为小人，智为大人。愚者问于智人，智者与愚人说法。愚人忽然悟解心开，即与智人无别。

善知识，不悟即佛是众生，一念悟时众生是佛。故知万法尽在自心。何不从自心中，顿见真如本性。《菩萨戒经》云：‘我本元自性清净。若识自心见性，皆成佛道。’《净名经》云：‘即时豁然，还得本心。’

“善知识，我于忍和尚处，一闻言下便悟，顿见真如本性。是以将此教法流行，令学道者，顿悟菩提，各自观心，自见本性。若自不悟，须觅大善知识，解最上乘法者，直示正路。是善知识，有大因缘。所谓化导，令得见性。一切善法，因善知识，能发起故。三世诸佛，十二部经，在人性中，本自具有。不能自悟，须求善知识，指示方见。若自悟者，不假外求。若一向执谓须他善知识，望得解脱者，无有是处。何以故？自心内有，知识自悟。若起邪迷，妄念颠倒，外善知识，虽有教授，救不可得。若起真正，般若观照，一刹那间，妄念俱灭。若识自性，一悟即至佛地。

“善知识，智慧观照，内外明彻，识自本心。若识本心，即本解脱。若得解脱，即是般若三昧。般若三昧，即是无念。何名无念？识见一切法，心不染著，是为无念。用即遍一切处，亦不著一切处。但净本心，使六识，出六门，于六尘中，无染无杂，来去自由，通用无滞，即是般若三昧，自在解脱。名无念行。善知识，悟无念法者，万法尽通。悟无念法者，见诸佛境界。悟无念法者，至佛地位。

“善知识，后代得吾法者，将此顿教法门，于同见同行，发愿受持，如事佛故。终身而不退者，定入圣位。然须传授，从上以来，默传分付，不得匿其正法。若不同见同行，在别法中，不得传付。损彼前人，究竟无益。恐愚人不解，谤此法门，百劫千生，断佛种性。

“善知识，吾有一无相颂。各须诵取。在家出家，但依此修，若不自修，惟记吾言，亦无有益。听吾颂曰：

说通及心通，如日处虚空。唯传见性法，出世破邪宗。

法即无顿渐，迷悟有迟疾。只此见性门，愚人不可悉。

说即虽万般，合理还归一。烦恼暗宅中，常须生慧日。

邪来烦恼至，正来烦恼除。邪正俱不用，清净至无余。
菩提本自性，起心即是妄。净心在妄中，但正无三障。
世人若修道，一切尽不妨。常自见己过，与道即相当。
色类自有道，各不相妨恼。离道别觅道，终身不见道。
波波度一生，到头还自懊。欲得见真道，行正即是道。
自若无道心，暗行不见道。若真修道人，不见世间过。
若见他人非，自非却是左。他非我不非，我非自有过。
但自却非心，打除烦恼破。憎爱不关心，长伸两脚卧。
欲拟化他人，自须有方便。勿令彼有疑，即是自性现。
佛法在世间，不离世间觉。离世觅菩提，恰如求兔角。
正见名出世，邪见名世间。邪正尽打却，菩提性宛然。
此颂是顿教，亦名大法船。迷闻经累劫，悟则刹那间。”

师复曰：“今于大梵寺，说此顿教，普愿法界众生，言下见性成佛。”时，韦使君与官僚道俗，闻师所说，无不省悟。一时作礼，皆欢喜哉：“何期岭南有佛出世！”

疑问品第三

一日，韦刺史为师设大会斋。斋讫，刺史请师升座同官僚士庶肃容再拜，问曰：“弟子闻和尚说法，实不可思议。今有少疑，愿大慈悲，特为解说。”师曰：“有疑即问，吾当为说。”韦公曰：“和尚所说，可不是达摩大师宗旨乎？”师曰：“是。”

公曰：“弟子闻达摩初化梁武帝。帝问云：‘朕一生造寺度僧，布施设斋，有何功德？’达摩言：‘实无功德。’弟子未达此理，愿和尚为说。”师曰：“实无功德。勿疑先圣之言。武帝心邪，不知正法，造寺度僧，布施设斋，名为求福不可将福便为功德。功德在法身中，不在修福。”

师又曰：“见性是功，平等是德。念念无滞，常见本性，真实妙用，名为功德。内心谦下功，外行于礼是德。自性建立万法是功，心体离念是德。不离自性是功，应用无染是德。若觅功德法身，但依此作，是真功德。若修功德之人，心即不轻，常行普敬。心常轻人，吾我不断，即自无功。自性虚妄不实，即自无德。为吾我自大，常轻一切故。善知识，念念无间是功，心行平直是德。自修性是功，自修身是德。善知识，功德须自性内见，不是布施供养之所求也。是以福德与功德别，武帝不识真理，非我祖师有过。”

刺史又问曰：“弟子常见僧俗，念‘阿弥陀佛’，愿生西方。请和尚说，得生彼否？愿为破疑。”师言：“使君善听，慧能与说。世尊在舍卫城中，说西方引化经文，分明去此不远。若论相说里数，有十万八千，即身中十恶八邪，便是说远。说速为其下根，说近为其上智。人有两种，法无两般。迷悟有殊，见有迟疾。迷人念佛，求生于彼，悟人自净其心。所以佛言‘随其心净即佛土净’。使君东方人，但心净即无罪。虽西方人，心不净亦有愆。东方人造罪，念佛求生西方。西方人造罪，念佛求生何国！凡愚不了自性，不识身中净土，愿东愿西，悟人在处一般。所以佛言随所住处恒安乐。使君心地但无不善，西方去此不遥。若怀不善之心，念佛往生难到。今劝善知识，先除十恶，即行十万，后除八邪，乃过八千。念念见性，常行平直，到如弹指，便睹弥陀。使君但行十善，何须更愿往生！不断十恶之心，何佛即来迎请？若悟无生顿法，见西方只在刹那。不悟念佛求生，路遥如何得达？慧能与诸人移西方刹那间，目前便见。各愿见否？”

入定

众皆顶礼云：“若此处见，何须更愿往生！愿和尚慈悲，便现西方，普令得见。”师言：“大众，世人自色身是城，眼耳鼻舌是门。外有五门，内有意门。心是地，性是王。王居心地上，性在王在，性去王无。性在身心存，性去身心坏。佛向性中作。莫向身外求。自性迷即是众生，自性觉即是佛。慈悲即是观音。喜舍名为势至。能净即释迦，平直即弥陀。人我是须弥，邪心是海水，烦恼是波浪，毒害是恶龙，虚妄是鬼神，尘劳是鱼鳖，贪嗔是地狱。善知识，常行十善，天常便至。除人我，须弥到；去邪心，海水竭；烦恼无，波浪灭；毒害忘，鱼龙绝。自心地上觉性如来，放大光明，外照六门清净，能破六欲诸天，自性内照，三毒即除，地狱等罪，一时消灭。内外明彻，不异西方。不作此修，如何到彼？”

大众闻说，了然见性。悉皆礼拜，俱欢喜哉。唱言：“普愿法界众生，闻者一时悟解。”师言：“善知识，若欲修行，在家亦得，不由在寺。在家能行，如东方人心善。在寺不修，如西方人心恶。但心清修，即是自性西方。”

韦公又问：“在家如何修行？愿为教授！”师言：“吾与大众说无相颂，但依此修，常与吾同处无别。若不作此修，剃发出家，于道何益？”颂曰：

“心平何劳持戒，行直何用修禅。恩则孝养父母，义则上下相怜。
让则尊卑和睦，忍则众恶无喧。若能钻木取火，淤泥定生红莲。
苦口的是良药，逆耳必是忠言。改过必生智慧，护短心内非贤。
日用常行饶益，成道非由施钱。菩提只向心觅，何劳向外求玄。
听说依此修行，天堂只在目前。

师复曰：“善知识，总须依偈修行，见取自性，直成佛道。法不相待，众人且散，吾归曹溪。众若有疑，却来相问。”时，刺史官僚、在会善男信女，各得开悟，信受奉行。

定慧品第四

师示众云："善知识，我此法门，以定慧为本。大众勿迷，言定慧别。定慧一体，不是二。定是慧体，慧是定用。即慧之时定在慧，即定之时慧在定。若识此义，即是定慧等学。诸学道之人，莫言先定发慧，先慧发定，各别。作此见者，法有二相。口说善语，心中不善，空有定慧，定慧不等。若心口俱善，内外一如，定慧即等。自悟修行，不在于诤。诤先后，即同迷人。不断胜负，却增我法不离四相。善知识，定慧犹如何等？犹如灯光，有灯即光，无灯即暗。灯是光之体，光是灯之用。名虽有二，体本同一。此定慧法，亦复如是。"

师示众云："善知识，一行三昧者，于一切处，行、住、坐、卧，常行一直心是也。《净名经》云：直心是道场，直心是净土。莫心行谄曲，口但说直。口说一行三昧，不行直心。但行直心，于一切法，勿有执著。迷人著法相，执一行三昧，直言常坐不动，妄不起心，即是一行三昧。作此解者，即同无情，却是障道因缘。善知识，道须通流，何以却滞？心不住法，道即通流，心若住法，名为自缚。若言常坐不动是，只如舍利弗宴坐林中，却被维摩诘诃。善知识，又有人教坐，看心观静，不动不起，从此置动。迷人不会，便执成颠。如此者众。如是相教，故知大错。"

师示众云："善知识，本来正教，无有顿渐，人性自有利钝。迷人渐修，悟人顿契。自识本心，自见本性，即无差别，所以立顿渐之假名。

善知识，我此法门，从上以来，先立无念为宗、无相为体、无住为本。无相者，于相而离相；无念者，于念而无念；无住者，人之本性，于世间善恶好丑，乃至冤之与亲，言语触刺欺争之时，并将为空，不思酬害。念念之中，不思前境。若前念今念后念，念念相续不断，名为系缚。于诸法上，念念不住，即无缚也。此是以无住为本。

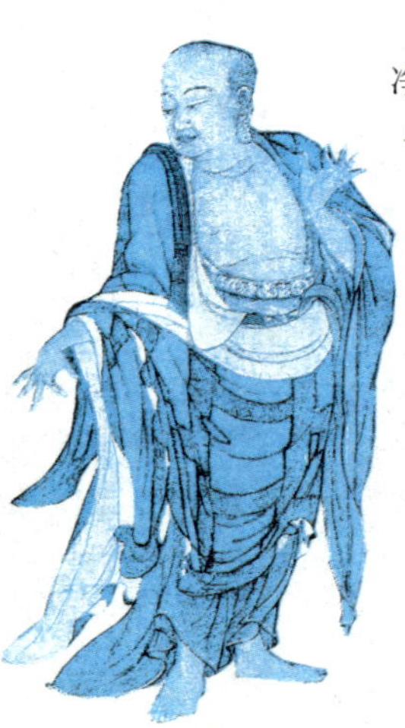

善知识，外离一切相，名为无相。能离于相，则法体清净。此是以无相为体。善知识，于诸境上，心不染。曰无念。于自念上，常离诸境，不于境上生心。若只百物不思，念尽除却，一念绝即死，别外受生，是为大错。学道者思之，若不识法意，自错犹可，更劝他人。自迷不见，又谤佛经。所以立无念为宗。

善知识，云何立无念为宗？只缘口说见性迷人。于境上有念，念上便起邪见。一切尘劳妄想，从此而生。自性本无一法可得。若有所得，妄说祸福，即是尘劳邪见。故此法门立无念为宗。

善知识，无者无何事？念者念何物？无者，无二相，无诸尘劳之心。念者，念真如本性。真如即是念之体，念即是真如之用。真如自性起念，非眼耳鼻舌能念。真如有性，所以起念。真如若无。眼耳色声当时即坏。善知识，真如自性起念，六根虽有见闻觉知，不染万境，而真性常自在。故经云：能善分别诸法相，于第一义而不动。”

坐禅品第五

师示众云：“此门坐禅，元不著心，亦不著净，亦不是不动。若言著心，心原是妄，知心如幻，故无所看也。若言著净，人性本净，由妄念故，盖覆真如。但无妄想，性自清净。起心著净，却生净妄。妄无处所，著者是妄。净无形相，却立净相，言是功夫。作此见者，障自本性，却被净缚。

善知识，若修不动者，但见一切人时，不见人之是非、善恶、过患，即是自性不动。善知识，迷人身虽不动，开口便说他人是非、长短、好恶，与道违背。若著心着净，即障道也。”

师示众云：“善知识，何名‘坐禅’？ 此法门中，无障无碍。外于一切善恶境界，心念不起，名为坐；内见自性不动，名为禅。善知识，何名禅定？外离相为禅，内不乱为定。外若著相，内心即乱。外若离相，心即不乱。本性自净自定，只为见境，思境即乱。若见诸境心不乱者，是真定也。善知识，外离相即禅，内不乱即定。外禅内定，是为禅定。《净名经》云：即时豁然还得本心。《菩萨戒经》云：我本性元自清净。善知识，于念念中，自见本性清净。自修自行，自成佛道。”

忏悔品第六

时，大师见广、韶洎四方士庶骈集山中听法，于是升座告众曰：“来，诸善知识。此事须自性中起，于一切时，念念自净其心，自修其行，见自心佛，自度自戒，始得不假到此。既从远来，一会于此，皆共有缘。今可各各胡跪。先为传自性五分法身香，次授无相忏悔。”众胡跪。

师曰：“一戒香，即自心中无非、无恶、无嫉妒、无贪瞋、无劫害、名戒香；二定香，即睹诸善恶境相，自心不乱，名定香；三慧香，自心无碍，常以智慧观照自性，不造诸恶，虽修众善，心不执著，敬上念下，矜恤孤贫，名慧香；四解脱香，即自心无所攀缘，不思善，不思恶，自在无碍，名解脱香；五解脱知见香，自心既无所攀缘善恶，不可耽空守寂，即须广学多闻，诚自本心，达诸佛理，和光接物，无我无人，直至菩提，真性不易，名解脱知见香。”“善知识，此香各自内薰，莫向外觅。

“今与汝等授无相忏悔，灭三世罪，令得三业清净。善知识，各随我语一时道：弟子等，从前念今念及后念，念念不被愚迷染，从前所有恶业愚迷等罪，悉皆忏悔，愿一时消灭，永不复起；弟子等，从前念今念及后念，念念不被骄诳染，从前所有恶业骄诳等罪，悉皆忏悔，愿一时消灭，永不复起；弟子等，从前念今念及后念，念念不被嫉妒染，从前所有恶业嫉妒等罪，悉皆忏悔，愿一时消灭，永不复起。"善知识，以上是为无相忏悔。

云何名忏？云何名悔？忏者，忏其前愆。从前所有恶业，愚迷骄诳、嫉妒等罪，悉皆尽忏，永不复起，是名为忏。悔者，悔其后过，从今以后，所有恶业，愚迷、骄诳、嫉妒等罪，今已觉悟，悉皆永断，更不复作，是名为悔。故称忏悔。

凡夫愚迷，只知忏其前愆，不知悔其后过。以不悔故。前罪不灭，后过又生。前罪既不灭，后过复又生，何名忏悔？

"善知识，既忏悔已，与善知识发四弘誓愿，各须用心正听：自心众生无边，誓愿度！自心烦恼无边，誓愿断！自性法门无尽，誓愿学！自性无上佛道，誓愿成！"善知识，大家岂不道众生无边誓愿度！恁么道？且不是慧能度。

善知识，心中众生，所谓邪迷心、诳妄心、不善心、嫉妒心、恶毒心，如是等心，尽是众生，得须自性自度，是名真度。何名自性自度？即自心中邪见、烦恼、愚痴、众生，将正见度。既有正见，使般若智打破愚痴、迷妄、众生，各各自度。邪来正度，愚来智度，恶来善度。如是度者，名为真度。

又烦恼无边誓愿断，将自性般若智除却虚妄思想心是也。又法门无尽誓愿学，须自见性，常行正法，是名真学。又无上佛道誓愿成，既常能下心，行于真正，离迷离觉，常生般若，除真除妄，即见佛性。即言下，佛道成。常念修行，是愿力法。

"善知识，今发四弘愿了，更与善知识授无相三归依戒。善知识：归依觉，两足尊；归依正，离欲尊；归依净，众中尊。从今日去，称觉为师，更不归依邪魔外道，以自性三宝常自证明。劝善知识，归依自性三宝。佛者，觉也；法者，正也；僧者，净也。自心归依觉，邪迷不生，少欲知足，能离财色，名两足尊。自心归依正，念念无邪见，以无邪见故，即无人我、贡高、贪爱执著，名离欲尊。自心归依净，一切尘劳、爱欲境界，自性皆不染著，名众中尊。

若修此行，是自归依。凡夫不会，从日到夜，受三归戒。若言归依佛，佛在何处？若不见佛，凭何所归？言却成妄。善知识，各自观察，莫错用心。经文分明言自归依佛，不言归依他佛。自佛不归，无所依处。今既自悟，各须归依自心三宝。内调心性，外敬他人，是自归依也。

"善知识，既归依自三宝竟，各各志心。吾与说一体三身自性佛。今汝等见三身，了然自悟自性。总随我道：于自色身归依清净法身佛；于自色身归依圆满报身佛；于自色身归依千百亿化身佛。

"善知识，色身是舍宅，不可言归。向者三身法，在自性中。世人总有，为自心迷，不见内性，外觅三身如来，不见自身中有三身佛。汝等听说，令汝等于自身中见自性有三身佛。此三身佛，从自性生，不从外得。

何名清净法身佛？世人性本清净，万法从自性生。思量一切恶事，即生恶行；思量一切善事，即生善行。如是诸法在自身中，如天常清，日月常明，为浮云盖覆，上明下暗。忽遇风吹云散，上下俱明，万相皆现。世人性常浮游，如彼天云。善知识，智如日，慧如月，智慧常明，于外著境，被念浮云，盖覆自性，不得明朗。若遇善知识，闻真正法，自除迷妄，内外明澈，于自性中，万法皆现。见性之人，亦复如是。此名清净法身佛。

引路菩萨

善知识，自心归依，是归依自性，是归依真佛。自归依者，除却自性中不善心、嫉妒心、谄曲心、吾我心、诳妄心、轻人心、慢他心、邪见心、贡高心，及一切时中不善之行。常自见己过，不说他人好恶，是自归依。常须下心，普行恭敬，即是见性通达，更无滞碍，是自归依。

何名圆满报身？譬如一灯能除千年暗，一智能灭万年愚。莫思向前，已过不可得。常思于后，念念圆明。自见本性，善恶虽殊，本性无二。无二之性，名为实性。于实性中，不染善恶，此名圆满报身佛。自性起一念恶，灭万劫善因；自性起一念善，得恒沙恶尽。直至无上菩提，念念自见，不失本念，名为报身。

何名千百亿化身？若不思万法，性本如空。一念思量，名为变化。思量恶事，化为地狱；思量善事，化为天堂。毒害化为龙蛇，慈悲化为菩萨，智慧化为上界，愚蠢化为下方。自性变化甚多，迷人不能省觉，念念起恶，常行恶道，回一念善，智慧即生。此名自性化身佛。

善知识，法身本具。念念自性自见，即是报身佛。从报身思量，即是化身佛。自悟自修，自性功德，是真归依。皮肉是色身，色身是宅舍，不言归依也。但悟自性三身，即识自性佛。吾有一无相颂，若能诵持，言下令汝积劫迷罪，一时消灭。颂曰：

迷人修福不修道，只言修福便是道。布施供养福无边，心中三恶元来造。
拟将修福欲灭罪，后世得福罪还在。但向心中除罪缘，各自心中真忏悔。
忽悟大乘真忏悔，除邪行正即无罪。学道常于自性观，即与诸佛同一类。
吾祖惟传此顿法，普愿见性同一体 若欲当来觅法身，离诸法相心中洗。
努力自见莫悠悠，后念忽绝一世休。若悟大乘得自性，虔诚合掌至心求。”

师言：“善知识，总须诵取，依此修行，言下见性，虽去吾千里，如常在吾边。于此言下不悟，即对面千里，何勤远来！珍重好去。”一众闻法，靡不开悟，欢喜奉行。

机缘品第七

师自黄梅得法，回至韶州曹侯村。人无知者。时有儒士刘志略，礼遇甚厚。志略有姑为尼，名无尽藏，常诵《大涅槃经》。师暂听，即知妙义，遂为解说。尼乃执卷问字。师曰：“字即不识，义即请问。”尼曰：“字尚不识，焉能会义。”师曰：“诸佛妙理，非关文字。”尼惊异之，告里中耆德云：“此是有道之士，宜请供养。”

有魏武侯玄孙曹叔良及居民，竞来瞻礼。时，宝林古寺，自隋末兵火已废。遂于故基重建梵宇，延师居之，俄成宝坊。师住九月余日，又为恶党寻逐。师乃遁于前山，被其纵火焚草木。师隐身挨入石中得免。石今有师趺坐膝痕及布衣之纹，因名‘避难石’。师忆五祖‘怀会止藏’之嘱，遂行隐于二邑焉。

僧法海，韶州曲江人也。初参祖师，问曰：“即心即佛，愿垂指谕。”师曰：“前念不生即心，后念不灭即佛。成一切相即心，离一切相即佛。吾若具说，穷劫不尽。听吾偈曰：

即心名慧，即佛乃定。定慧等持，意中清净。

悟此法门，由汝习性。用本无生，双修是正。”

法海言下大悟，以偈赞曰：

“即心元是佛，不悟而自屈。我知定慧因，双修离诸物。”

僧法达，洪州人，七岁出家，常诵《法华经》。来礼祖师，头不至地。祖诃曰：“礼不投地，何如不礼？汝心中必有一物，蕴习何事耶？”曰：“念《法华经》已及三千部。”祖曰：“汝若念至万部，得其经意，不以为胜，则与吾偕行。汝今负此事业，都不知过。听吾偈曰：

礼本折慢幢，头奚不至地。有我罪即生，亡功福无比。”

师又曰：“汝名什么？”曰：“法达。”师曰：“汝名法达，何曾达法？”复说偈曰：

“汝今名法达，勤诵未休歇。空诵但循声，明心号菩萨。

汝今有缘故，吾今为汝说。但信佛无言，莲花从口发。”

达闻偈，悔谢曰：“而今而后，当谦恭一切。弟子诵《法华经》，未解经义，心常有疑。和尚智慧广大，愿略说经中义理。”师曰：“法达，法即甚达，汝心不越。经本无疑，汝心自疑。汝念此经，以何为宗？”达曰：“学人根性暗钝，从来但依文诵念，岂知宗趣！”师曰：“吾不识文字，汝试取经诵一遍，吾当为汝解说。”

法达即高声念经。至譬喻品，师曰：“止。此经元来以因缘出世为宗。纵说多种譬喻，亦无越于此。”“何者因缘？”“经云：诸佛世尊，惟以一大事因缘故出现于世。一大事者，佛之知见也。世人外迷著相，内迷著空。若能于相离相，于空离空，即是内外不迷。若悟此法，一念心开，是为开佛知见。

佛，犹觉也，分为四门：开觉知见，示觉知见，悟觉知见，入觉知见。若闻开示，便能悟入，即觉知见，本来真性而得出现。汝慎勿错解经意，见他道开示悟入，自是佛之知见，我辈无分。若作此解，乃是谤经毁佛也。彼既是佛，已具知见，何用更开！汝今当信，佛知见者，只汝自心，更无别佛。盖为一切众生，自蔽光明，贪爱尘境，外缘内扰，甘受驱驰，更劳他世尊。从三昧起，种种苦口，功令寝患，莫向外求，与佛无二，故云开佛知见。

吾亦劝一切人，于自心中，常开佛之知见。世人心邪，愚迷造罪，口善心恶，贪瞋嫉妒，谄妄我慢，侵人害物，自开众生知见。若能正心，常生智慧，观照自身，止恶行善，是自开佛之知见。汝须念念开佛知见，勿开众生知见。开佛知见，即是出世。开众生知见，即是世间。汝若但劳劳执念以为功课者，何异嫠牛爱尾？

达曰："若然者，但得解义，不劳诵经耶？"师曰："经有何过！岂障汝念！只为迷悟在人，损益由己。口诵心行，即是转经。口诵心不行，即是被经转。听吾偈曰：

心迷法华转，心悟转法华。诵经久不明，与义作仇家。

无念念即正，有念念成邪。有无俱不计，长御白牛车。"

达闻偈，不觉悲泣，言下大悟，而告师曰："法达从昔已来，实未曾转《法华》，乃被《法华》转。'再启曰："经云：诸大声闻乃至菩萨，皆尽思共度量，不能测佛智，今令凡夫，但悟自心，便名佛之知见。自非上根，未免疑谤。又经说三车，羊鹿牛车，与白牛之车，如何区别？愿和尚再垂开示。"

师曰："经意分明，汝自迷背。诸三乘人，不能测佛智者，患在度量也。饶伊尽思共推，转加悬远。佛本为凡夫说，不为佛说。此理若不肯信者，从他退席。殊不知坐却白牛车，更于门外觅三车。况经文明向汝道，惟一佛乘，无有余乘，若二若三，乃至无数方便，种种因缘，譬喻言词，是法皆为一佛乘故。汝何不省？三车是假，为昔时故；一乘是实，为今时故。只教汝去假归实，归实之后，实亦无名。应知所有珍财，尽属于汝，由汝受用。更不作父想，亦不作子想，亦无用想。是名持《法华经》。从劫至劫，手不释卷；从昼而夜，无不念时也。"

达蒙启发，踊跃欢喜，以偈赞曰：

"经诵三千部，曹溪一句亡。未明出世旨，宁歇累生狂。

羊鹿牛权设，初中后善扬。谁知火宅内，元是法中王。"

师曰："汝今后方可名念经僧也。"达从此领玄旨，亦不辍诵经。

僧智通，寿州安丰人，初看《楞伽经》约千余遍，而不会三身四智，礼师求解其义。师曰："三身者，清净法身，汝之性也；圆满报身，汝之智也；千百亿化身，汝之行也。若离本性，别说三身，即名有身无智。若悟三身无有自性，即名四智菩提。听吾偈曰：

自性具三身，发明成四智。不离见闻缘，超然登佛地。

吾今为汝说，谛信永无迷。莫学驰求者，终日说菩提。"

通再启曰："四智之义，可得闻乎？"师曰："既会三身，便明四智。何更问耶？若离三身，别谈四智。此名有智无身。即此有智，还成无智。"复说偈曰：

"大圆镜智性清净，平等性智心无病。妙观察智见非功，成所作智同圆镜。

五八六七果因转，但用名言无实性。若于转处不留情，繁兴永处那伽定。"

通顿悟性智，遂呈偈曰：

"三身元我体，四智本心明。身智融无碍，应物任随形。

起修皆妄动，守住匪真精。妙旨因师晓，终亡染污名。"

僧智常，信州贵溪人，髫年出家，志求见性。一日参礼。师问曰："汝从何来？欲求何事？"曰："学人近往洪州白峰山，礼大通和尚，蒙示见性成佛之义。未决狐疑，远来投礼。伏望和尚慈悲指示。”师曰：“彼有何言句？汝试举看。”曰：“智常到彼。凡经三月，未蒙示诲。为法切故，一夕独入丈室，请问‘如何是某甲本心本性’？大通乃曰：‘汝见虚空否？’对曰：‘见。’彼曰：‘汝见虚空有相貌否？’对曰：‘虚空无形，有何相貌？”彼曰：‘汝之本性，犹如虚空。了无一物可见，是名正见；无一物可知，是名真知。无有青黄长短，但见本源清净、觉体圆明，即名见性成佛，亦名如来知见。’学人虽闻此说，犹未决了，乞和尚开示。”

师曰：“彼师所说，犹存见知，故令汝未了。吾今示汝一偈：

见一法存无见，大似浮云遮日面。不知一法守空知，还如太虚生闪电。

此之知见瞥然兴，错认何曾解方便。汝当一念自知非，自己灵光常显现。”

常闻偈已，心意豁然，乃述偈曰：

“无端起知见，著相求菩提，情存一念悟，宁越昔时迷。

自性觉源体，随照枉迁流。不入祖师室，茫然趣两头。”

智常一日问师曰：“佛说三乘法，又言最上乘。弟子未解，愿为教授。”师曰：“汝观自本心，莫著外法相。法无四乘，人心自有等差。见闻转诵是小乘；悟法解义是中乘；依法修行是大乘；万法尽通，万法具备，一切不染，离诸法相，一无所得，名最上乘。乘是行义，不在口争。汝须自修，莫问吾也。一切时中，自性自如，常礼谢执侍，终师之世。”

僧志道，广州南海人也。请益曰：“学人自出家，览《涅槃经》十载有余，未明大意，愿和尚垂诲。”师曰：“汝河处未明？”曰：“诸行无常，是生灭法。生灭灭已，寂灭为乐。于此疑惑。”师曰：“汝作么疑？”曰：“一切众身皆有二身，谓色身、法身也。色身无常，有生有灭；法身有常，无知无觉。经云：生灭灭已，寂灭为乐者。不审何身寂灭？何身受乐？若色身者，色身灭时，四大分散，全然是苦。苦，不可言乐。若法身寂灭，即同草木瓦石，谁当受乐？又法性是生灭之体，五蕴是生灭之用。一体五用，生灭是常。生则从体起用，灭则摄用归体。若听更生，即有情之类，不断不灭；若不听更生，则永归寂灭，同于无情之物。如是，则一切诸法被涅槃之所禁伏，尚不得生，何乐之有？”

师曰：“汝是释子，何习外道断常邪见，而议最上乘法。据汝所说，即色身外别有法身，离生灭求于寂灭，又推涅槃常乐，言有身受用。斯乃执吝生死，耽著世乐。汝今当知佛为一切迷人，认五蕴和合为自体相，分别一切法为外尘相。好生恶死，念念迁流，不知梦幻虚假，枉受轮回，以常乐涅槃，翻为苦相，终日驰求。佛愍此故乃示涅槃真乐，刹那无有生相，刹那无有灭相，更无生灭可灭，是则寂灭现前。当现前时，亦无现前之量，乃谓常乐。此乐无有受者，亦无不受者，岂有一体五用之名？何况更言涅槃禁伏诸法，令永不生。斯乃谤佛毁法！

听吾偈曰：

无上大涅槃，圆明常寂照。凡愚谓之死，外道执为断。

诸求二乘人，自以为无作。尽属情所计，六十二见本。

妄立虚假名，何为真实义？惟有过量人，通达无取舍。
以知五蕴法，及以蕴中我。外现众色像，一一音声相。
平等如梦幻。不起凡圣见，不作涅槃解。二边三际断。
常听应根用，而不起用想。分别一切法，不起分别想。
劫火烧海底，风鼓山相击。真常寂灭乐，涅槃相如是。
吾今强言说，令汝舍邪见。汝勿随言解，许汝知少分。”

志道闻偈大悟，踊跃作礼而退。

行思禅师，生吉州安城刘氏，闻曹溪法席盛化，径来参礼，遂问曰：“当何所务，即不落阶级？”师曰：“汝曾作什么来？”曰：“圣谛亦不为。”师曰：“落何阶级？”曰：“圣谛尚不为，何阶级之有！”师深器之，令思首众。一日，师谓曰：“汝当分化一方，无令断绝。”思既得法，遂回吉州青原山，弘法绍化，谥弘济禅师。

怀让禅师，金州杜氏子也，初谒嵩山安国师。安发之曹溪参叩。让至礼拜。师曰：“什么来？”曰：“嵩山。”师曰：“什么物？恁么来？”曰：“说似一物即不中。师曰：“还可修证否？”曰：“修证即不无，污染即不得。”师曰：“只此不污染，诸佛之所护念，汝即如是，吾亦如是。西天般若多罗识足下出一马驹踏杀天下人，应在汝心，不须速说。”让豁然契会，遂执侍左右一十五载，日臻玄奥，后往南岳，大阐禅宗，敕谥大慧禅师。

永嘉玄觉禅师，温州戴氏子，少习经论，精天台止观法门，因看《维摩经》，发明心地。偶师弟子玄策相访，相其剧谈。出言暗合诸祖。策云：“仁者得法师谁？”曰：“我听方等经论，各有师承，后于《维摩经》，悟佛心宗，未有证明者。策云：“威音王已前即得。威音王已后，无师自悟，尽是天然外道。”曰：“愿仁者为我证据。”策云：“我言轻。曹溪有六祖大师，四方云集，并是受法者。若去，则与偕行。”

觉遂同策来参，绕师三匝，振锡而立。师曰：“夫沙门者，具三千威仪、八万细行。大德自何方而来？生大我慢！”觉曰：“生死事大，无常迅速。”师曰：“何不体取无生，了无速乎？”曰：“体即无生，了本无速。”师曰：“如是如是。”玄觉方具威仪礼拜，须臾告辞。师曰：“返太速乎？”曰：“本自非动，岂有速耶？”师曰：“谁知非动？”曰：“仁者自生分别。”师曰：“汝甚得无生之意！”曰：“无生岂有意耶？”师曰：“无意谁当分别？”曰：“分别亦非意。”师曰：“善哉！”少留一宿，时谓一宿觉。后著《证道歌》盛行于世，谥曰无相大师。时称为真觉焉。

维摩诘　又译为维摩罗诘、毗摩罗诘，略称维摩或维摩诘。意译为净名，无垢称诘，意思是以洁净、没有染污而称的人。他是一个在家的大乘佛教的居士，是著名的在家菩萨。

禅者智隍，初参五祖，自谓已得正受，庵居长坐，积二十年。师弟子玄策，游方至河朔，闻隍之名，造庵问云：“汝在此作什么？”隍曰：“入定。”策云：“汝云入定，为有心入耶？无心入耶？若无心入者，一切无情草木瓦石，应合得定；若有心入者，一切有情含识之流，亦应得定。”隍曰：“我正入定时，不见有有无之心。”策曰：“不见有有无之心，即是常定，何有出入？若有出入，即非大定。”隍无对。

良久，问曰：“师嗣谁耶？”策云：“我师曹溪六祖。”隍云：“六祖以何禅定？”策云：“我师所说，妙湛圆寂，体用如如，五阴本空，六尘非有，不出不入，不定不乱，禅性无住，离住禅寂，禅性无生，离生禅想，心如虚空，亦无虚空之量。”隍闻是说，径来谒师。师问云：“仁者何来？”隍具述前缘。师云：“诚如所言！汝但心如虚空，不著空见，应用无碍，动静无心，凡圣情忘，能所具泯，性相如如，无不定时也。”隍于是大悟，二十年所得心，都无影响。其夜河北士庶闻空中有声云：“隍禅师今日得道。”隍后礼辞，复归河北，开化四众。

一僧问师云：“黄梅意旨，什么人得？”师云：“会佛法人得。”僧云：“和尚还得否？”师云：“我不会佛法。”

师一日欲濯所授之衣，而无美泉，因至寺后五里许，见山林郁茂，瑞气盘旋。师振锡卓地。泉应手而出，积以为池。乃膝跪浣衣石上。忽有一僧来礼拜，云：“方辩，是西蜀人，昨于南天竺国，见达摩大师。嘱方辩：‘速往唐土，吾传大伽叶正法眼藏及僧伽梨，见传六代，于韶州曹溪，汝去瞻礼。’方辩远来，愿见我师传来衣钵。”师乃出示，次问：“上人攻何事业？”曰：“善塑。”师正色曰：“汝试塑看。”辩罔措，过数日，塑就真相，可高七寸，曲尽其妙。师笑曰：“汝只解塑性，不解佛性。”师舒手摩方辩顶，曰：“永为人天福田。”师仍以衣酬之。辩取衣分为三：一披塑像，一自留，一用棕裹瘗地中。誓曰：“后得此衣，及吾出世，住持于此，重建殿宇。”

有僧举卧轮禅师偈云：

“卧轮有伎俩，能断百思想。对境心不起，菩提日日长。”

师闻之，曰：“此偈未明心地，若依而行之，是加系缚。”因示一偈曰：

“慧能没伎俩，不断百思想。对境心数起，菩提作么长。”

顿渐品第八

时，祖师居曹溪宝林，神秀大师在荆南玉泉寺。于时，两宗盛化，人皆称‘南能北秀’，故有南北二宗顿渐之分，而学者莫知宗趣。师谓众曰：“法本一宗，人有南北。法即一种，见有迟疾。何名顿渐？法无顿渐，人有利钝，故名顿渐。”

然秀之徒众，往往讥南宗祖师：“不识一字，有何所长？”秀曰：“他得无师之智，深悟上乘，吾不如也。且吾师五祖，亲传衣法，岂徒然哉？吾恨不能远去亲近，虚受国恩。汝等诸人，毋滞于此，可往曹溪参决。”一日，命门人志诚曰：“汝聪明多智，可为吾到曹溪听法，若有所闻，尽心记取，还为吾说。”

志诚禀命至曹溪，随众参请，不言来处。时，祖师告众曰：“今有盗法之人，潜在此会。”志诚即出礼拜，具陈其事。师曰：“汝从玉泉来，应是细作。”对曰：“不是。”师曰：“何得不是？”对曰：“未说即是，说了不是。”师曰：“汝师若为示众？”对曰：“常指诲大众‘住心观净，长坐不卧。’”师曰：“住心观净，是病非禅；长坐拘身，于理何益？听吾偈曰：

生来坐不卧，死去卧不坐。一具臭骨头，何为立功课？”

志诚再拜曰：“弟子在秀大师处，学道九年，不得契悟。今闻和尚一说，便契本心。弟子生死事大。和尚大慈，更为教示。”师曰：“吾闻汝师教示学人戒定慧法，未审汝师说戒定慧行相如何？与吾说看。”诚曰：“秀大师说：‘诸恶莫作名为戒，诸善奉行名为慧，自净其意名为定。’彼说如此，未审和尚以何法诲人？”师曰：“吾若言有法与人，即为诳汝。但且随方解缚，假名三昧。如汝师所说戒定慧，实不可思议。吾所见戒定慧又别。”志诚曰：“戒定慧只合一种，如何更别？”师曰：“汝师戒定慧安大乘人，吾戒定慧接最上乘人。悟解不同，见有迟疾。汝听吾说，与彼同否？吾所说法，不离自性。离体说法，名为相说，自性常迷。须知一切万法，皆从自性起用。是真戒定慧法。听吾偈曰：

心地无非自性戒，心地无痴自性慧，心地无乱自性定。

不增不减自金刚，身去身来本三昧。”

诚闻偈，悔谢，乃呈一偈曰：

“五蕴幻身，幻何究竟？回趣真如，法还不净。”

师然之。

复语诚曰：“汝师戒定慧，劝小根智人；吾戒定慧，劝大根智人。若悟自性，亦不立菩提涅槃，亦不立解脱知见。无一法可得，方能建立万法。若解此意，亦名佛身，亦名菩提涅槃，亦名解脱知见。见性之人，立亦得，不立亦得。去来自由，无滞无碍，应用随作，应语随答，普见化身，不离自性，即得自在神通，游戏三昧，是名见性。”志诚再拜启师曰：“如何是不立之义？”师曰：“自性无非、无痴、无乱。念念般若观照，常离法相，自由自在，纵横尽得。有何可立？自性自语，顿悟顿修，亦无渐次。所以不立一切法。诸法寂灭，有何次第？”志诚礼拜，愿为执侍，朝夕不懈。

僧志彻，江西人，本姓张，名行昌，少任侠。自南北分化，二宗主虽亡彼我，而徒侣竞起爱憎。时北宗门人，自立秀师为第六祖，而忌祖师传衣为天下闻，乃嘱行昌来刺师。师心通，预知其事，即置金十两于座间。时夜暮，行昌入祖室，将欲加害。师舒颈就之。行昌挥刃者三，悉无所损。师曰：“正剑不邪，邪剑不正，只负汝金，不负汝命。”行昌惊仆，久而方苏，求哀悔过，即愿出家。师遂与金，言：“汝且去，恐徒众翻害于汝。汝可他日易形而来，吾当摄受。”行昌禀旨宵遁，后投僧出家，具戒精进。

一日，忆师之言，远来礼觐。师曰：“吾久念汝，汝何来晚？”曰：“昨蒙和尚舍罪，今虽出家苦行，终难报德，其惟传法度生乎？弟子常览《涅槃经》，未晓常无常义。乞和尚慈悲，略有解说。”师曰：“无常者，即佛性也；有常者，即一切善恶诸法分别心也。”曰：“和尚所说，大违经文。”师曰：“吾传佛心印，安敢违于佛经？”曰：“经说佛性是常，和尚却言无常。善恶诸法乃至菩提心，皆是无常，和尚却言是常。此即相违，令学人转加疑惑。”师曰：“《涅槃经》，吾昔听尼姑无尽藏诵读一遍，便为讲说，无一字一义不合经文。乃至为汝，终无二说。”

曰：“学人识量浅昧，愿和尚委屈指示。”师曰：“汝知否？佛性若常，更说什么善恶诸法，乃至穷劫，无有一人发菩提心者。故吾说无常，正是佛说真常之道也。又一切诸法，若无常者，即物物皆有自性，容受生死，而真常性有不遍之处。故吾说常者，是佛说真无常义。佛比为凡夫外道执于邪常，诸二乘人于常计无常，共成八倒。故于涅槃了义教中，破彼偏见，而显说真常、真乐、真我、真净。汝今依言背义，以断灭无常，及确定死常，而错解佛之圆妙最后微言。纵览千遍，有何所益？”

行昌忽然大悟，说偈曰：

“因守无常心，佛说有常性。不知方便者，犹春池拾砾。

我今不施功，佛性而现前。非师相授与，我亦无所得。”

师曰：“汝今彻也，宜名志彻。”彻礼谢而退。

有一童子名神会，襄阳高氏子，年十三，自玉泉来参礼。师曰：“知识远来艰辛，还将得本来否？若有本，则合识主。试说看。”会曰：“以无住为本，见即是主。”师曰：“这沙弥争合取次语。”会乃问曰：“和尚坐禅，还见不见？”师以拄杖打三下，云：“吾打汝，是痛不痛？”对曰：“亦痛亦不痛。”师曰：“吾亦见亦不见。”神会问：“如何是‘亦见亦不见’。”师云：“吾之所见，常见自心过愆，不见他人是非好恶，是以亦见亦不见。汝言‘亦痛亦不痛’如何？汝若不痛，同其木石；若痛，则同凡夫，即起恚恨。汝向前见不见是二边，痛不痛是生灭。汝自性且不见，敢尔弄人！”

神会礼拜悔谢。师又曰：“汝若心迷不见，问善知识觅路；汝若心悟，即自见性，依法修行。汝自迷不见自心，却来问吾见与不见！吾见自知，岂代汝迷！汝若自见，亦不代吾迷。何不自知自见？乃问吾见与不见！”神会再礼百余拜，求谢过愆，服勤给侍，不离左右。

一日，师告众曰：“吾有一物，无头无尾，无名无字，无背无面。诸人还识否？”神会出曰：“是诸佛之本源、神会之佛性。”师曰：“汝道无名无字，汝便唤作本源佛性。汝向去有把茆盖头，也只成个知解宗徒。”祖师灭后，会入京洛，大弘曹溪顿教，著显宗记，盛行于世，是为荷泽禅师。

师见诸宗难问，咸起恶心，多集座下，愍而谓曰：“学道之人，一切善念恶念，应当尽除。无名可名，名于自性。无二之性，是名实性。于实性上建立一切教门，言下便须自见。”诸人闻说，总皆作礼，诸事为师。

宣诏品第九

神龙元年上元日，则天、中宗诏云：“朕请安秀二师，宫中供养，万机之暇，每究一乘。二师推让云：南方有能禅师，密授忍大师衣法，传佛心印，可请彼问。今遣内侍薛简，驰诏迎请，愿师慈念，速赴上京。”师上表辞疾，愿终林麓。

武 则 天

薛简曰：“京城禅德皆云：欲得会道，必须坐禅习定。若不因禅定而得解脱者，未之有也。未审师所说法如何？”师曰：“道由心悟，岂在坐也？经云：若言如来若坐若卧，是行邪道。何故？无所从来，亦无所去。无生无灭，是如来清净禅；诸法空寂，是如来清净坐。究竟无证，岂况坐耶？”

简曰：“弟子回宫，主上必问。愿师慈悲，指示心要，传奏两宫及京城学道者，譬如一灯燃百千灯，冥者皆明，明明无尽。”师云：“道无明暗。明暗是代谢之义。明明无尽，亦是有尽，相待立名。故《净名经》云：法无有比，无相待故。”简曰：“明喻智慧，暗喻烦恼。修道之人，倘不以智慧照破烦恼，无始生死，凭何出离？”师曰：“烦恼即是菩提，无二无别。若以智慧照破烦恼者，此是二乘见解，羊鹿等机。上智大根，悉不如是。”

简曰：“如何是大乘见解？”师曰：“明与无明，凡夫见二，智者了达，其性无二。无二之性，即是实性。实性者，处凡愚而不灭，在贤圣而不增，住烦恼而不乱，居禅定而不寂。不断不常，不来不去，不在中间，及其内外；不生不灭，性相如如。常住不迁，名之曰道。”

简曰：“师说不生不灭，何异外道？”师曰：“外道所说不生不灭，将灭止生，以生显灭，灭犹不灭，生说不生。我说不生不灭者，本自无生，今亦不灭，所以不同外道。汝若欲知心要，但一切善恶，都莫思量，自然得入清净心体，湛然常寂，妙用恒沙。”简蒙指教，豁然大悟，礼辞归阙，表奏师语。

其年九月三日，有诏奖谕师曰：“师辞老疾，为朕修道，国之福田。师若净名，托疾毗耶，阐扬大乘，传诸佛心，谈不二法。薛简传师指授如来知见，朕积善余庆，宿种善根。值师出世，顿悟上乘。感荷师恩，顶戴无已，并奉磨衲袈裟及水晶钵，敕韶州刺史修饰寺宇，赐师旧居为国恩寺焉。”

付嘱品第十

师一日唤门人法海、志诚、法达、神会、智常、智通、志彻、志道、法珍、法如等，曰："汝等不同余人，吾灭度后，各为一方师。吾今教汝说法，不失本宗。""先须学三科法门，动用三十六对。出没即离两边，说一切法，莫离自性。忽有人问汝法，出语尽双，皆取对法，来去相因。究竟二法尽除，更无去处。

"三科法门者，阴、界、入也。阴是五阴，色、受、想、行、识是也；入是十二入，外六尘色、声、香、味、触、法，内六门眼、耳、鼻、舌、身、意是也；界是十八界，六尘、六门、六识是也。自性能含万法，名含藏识。若起思量，即是转识。生六识，出六门，见六尘，如是一十八界，皆从自性起用。自性若邪，起十八邪；自性若正，起十八正。若恶用，即众生用；善用，即佛用。用由何等？由自性有。

对法：外境无情五对：天与地对，日与月对，明与暗对，阴与阳对，水与火对，此是五对也；法相语言十二对，语与法对，有与无对，有色与无色对，有相与无相对，有漏与无漏对，色与空对，动与静对，清与浊对，凡与圣对，僧与俗对，老与少对，大与小对，此是十二对。

师言此三十六对法，若解用，即道贯一切经法，出入即离两边。"自性动用，共人言语，外于相离相，内于空离空。若全著相，即长邪见；若全执空，即长无明。执空之人有谤经，直言不用文字。既云不用文字，人亦不合语言。只此语言，便是文字之相。又云直道不立文字，即此不立两字，亦是文字。见人所说，便即谤他言著文字。汝等须知自迷犹可，又谤佛经。不要谤经，罪障无数。

"若著相于外，而作法求真，或广立道场，说有无之过患，如是之人，累劫不可见性。但听依法修行，又莫百物不思，而于道性窒碍。若听说不修，令人反生邪念。但依法修行无住相法施。汝等若悟，依此说，依此用，依此行，依此作，即不失本宗。"若有人问汝义。问有，将无对；问无，将有对；问凡，以圣对；问圣，以凡对。二道相因，生中道义。如一问一对，余问一依此作，即不失理也。设有人问：'何名为暗？'答云：'明是因，暗是缘，明没则暗，以明显暗，以暗显明。'来去相因，成中道义。余问悉皆如此。汝等于后传法，依此转相教授，勿失宗旨。"

师于太极元年壬子延和七月，命门人，往新州国恩寺建塔，仍令促工。次年夏末落成。七月一日，集徒众曰："吾至八月，欲离世间。汝等有疑，早须相问。为汝破疑，令汝迷尽。吾若去后，无人教汝。"法海等闻，悉皆涕泣。惟有神会，神情不动，亦无涕泣。师云：" 神会小师却得善不善等，毁誉不动，哀乐不生。余者不得，数年山中，竟修何道？汝今悲泣，为忧阿谁？若忧吾不知去处，吾自知去处。若吾不知去处，终不预报于汝。汝等悲泣，盖不知吾去处。若知吾去处，即不合悲泣，法性本无生灭去来。汝等尽坐，吾与汝说一偈，名曰《真假动静偈》。汝等诵取此偈，与吾意同。依此修行，不失宗旨。”

众僧作礼，请师作偈。偈曰：

“一切无有真，不以见于真。若见于真者，是见尽非真。
若能自有真，离假即心真。自心不离假，无真何处真。
有情即解动，无情即不动。若修不动行，同无情不动。
若觅真不动，动上有不动。不动是不动，无情无佛种。
能善分别相，第一义不动。但作如是见，即是真如用。
报诸学道人，努力须用意。莫于大乘门，却执生死智。
若言下相应，即共论佛义。若实不相应，合掌令欢喜。
此宗本无诤，诤即失道意。执逆诤法门，自性入生死。”

是，徒众闻说偈已，普皆作礼，并体师意。

各各摄心，依法修行，更不敢诤。

乃知大师不久住世。法海上座再拜问曰：“和尚入灭之后，衣法当付何人？”师曰：“吾于大梵寺说法，以至于今，钞录流行，目曰《法宝坛经》。汝等守护，递相传授，度诸群生。但依此说，是名正法。今为汝等说法，不付其衣。盖为汝等信根淳熟，决定无疑，堪任大事。然据先祖达摩大师，付授偈意，衣不合传。偈曰：

‘吾本来兹土，传法救迷情。一华开五叶，结果自然成。’”

师复曰：“诸善知识，汝等各各净心，听吾说法。若欲成就种智，须达一相三昧、一行三。若于一切处，而不住相，于彼相中，不生憎爱，亦无取舍，不念利益成坏等事，安闲恬静，虚融澹泊，此名一相三昧。若于一切处，行住坐卧，纯一直心，不动道场，真成净土，此史一行三昧。若人具二三昧，如地有种，含藏长养，成熟其实，一相一行，亦复如是。我今说法，犹如时雨，普润大地。汝等佛性，譬如种子，遇兹沾洽，悉皆发生。承吾旨者，决获菩提。依吾行者，定证妙果。听吾偈曰：

心地含诸种，普雨悉皆萌。顿悟华情已，菩提果自成。”

师说偈已，曰：“其法无二，其心亦然。其道清净，亦无诸相。汝等慎勿观静，及空其心。此心本净，无可取舍。各自努力，随缘好去。”尔时，徒众作礼而退。

大师七月八日忽谓门人曰：“吾欲归新州，汝等速理舟楫。”大众哀留甚坚。师曰：“诸佛出现，犹示涅槃。有来必去，事亦常然。吾此形骸，归必有所。”众曰：“师从此去，早晚可回？”师曰：“叶落归根，来时无口。”又问曰：“正法眼藏，传付何人？”师曰：“有道者得，无心者通。”又问：“后莫有难否？”师曰：“吾灭后五六年，当有一人来取吾首。听吾记曰：

头上养亲，口里须餐。遇满之难，杨柳为官。”

又云：“吾去七十年，有二菩萨，从东方来，一出家，一在家，同时兴化，建立吾宗，缔缉伽蓝，昌隆法嗣。”

众复作礼，问曰：“未知从上佛祖应现已来，传授几代？愿垂开示。”

师云："古佛应世，已无数量，不可计也。今以七佛为始，过去壮严劫，毗婆尸佛、尸弃佛、毗舍浮佛；今贤劫，拘留孙佛、拘那含牟尼佛、伽叶佛、释迦文佛，是为七佛。

禅宗二祖慧可

释迦文佛首传摩诃伽叶尊者，第二阿难尊者，第三商那和修尊者，第四优婆毱多尊者，第五提多迦尊者，第六弥遮迦尊者，第七婆须蜜多尊者，第八佛驮难提尊者，第九伏驮蜜多尊者，第十胁尊者，十一富那夜奢尊者，十二马鸣大士，十三迦毗摩罗尊者，十四龙树大士，十五迦那提婆尊者，十六罗睺罗多尊者，十七僧伽难提尊者，十八伽耶舍多尊者，十九鸠摩罗多尊者，二十阇耶多尊者，二十一婆修盘头尊者，二十二摩拏罗尊者，二十三勒那尊者，二十四师子尊者，二十五婆舍斯多尊者，二十六不如蜜多尊者，二十七般若多罗尊者，二十八菩提达摩尊者，二十九慧可大师，三十僧璨大师，三十一道信大师，三十二弘忍大师，惠能是为三十三祖。从上诸祖，各有禀承。汝等向后，递代流传，毋令乖误。"

众人信受，个别而退。

大师先天二年癸丑岁八月初三日，于国恩寺斋罢，谓诸徒众曰："汝等各依位坐，吾与汝别。"法海白言："和尚留何教法，令后代迷人得见佛性？"

师言："汝等谛听：后代迷人，若识众生，即是佛性；若不识众生，万劫觅佛难逢。吾今教汝识自心众生，见自心佛性。欲求见佛，但识众生。只为众生迷佛，非是佛迷众生。自性若悟，众生是佛；自性若迷，佛是众生。自性平等，众生是佛，自性邪险，佛是众生。汝等心若险曲，即佛在众生中；一念平直，即是众生成佛。我心自有佛，自佛是真佛；自若无佛心，何处求真佛？汝等自心是佛，更莫狐疑。外无一物而能建立，皆是本心生万种法。故经云：'心生种种法生，心灭种种法灭。'

吾今留一偈与汝等别，名《自性真佛偈》。后化之人识此偈意，自见本心，自成佛道。偈曰：

真如自性是真佛，邪见三毒是魔王。邪迷之时魔在舍，正见之时佛在堂。
性中邪见三毒生，即是魔王来住舍。正见自除三毒心，魔变成佛真无假。
法身报身及化身，三身本来是一身。若向性中能自见，即来成佛菩提因。
本从化身生净性，净性常在化身中。性使化身行正道，当来圆满真无穷。
淫性本是净性因，除淫即是净性身。性中各自离五欲，见性刹那即是真。
今生若遇顿教门，忽悟自性见世尊。若欲修行觅作佛，不知何处拟求真。
若能心中自见真，有真即是成佛因。不见自性外觅佛，起心总是大痴人。
顿教法门今已留，救度世人须自修。报汝当来学道者，不作此见大悠悠。"

师说偈已，告曰："汝等好住。吾灭度后，莫作世情。悲泣雨泪，受人吊问，身着孝服，非吾弟子，亦非正法。但识自本心，见自本性，无动无静，无生无灭，无去无来，无是无非，无住无往。恐汝等心迷，不会吾意，今再嘱汝，令汝见性。吾灭度后，依此修行，如吾在日。若违吾教，纵吾在世，亦无有益。”复说偈曰：

“兀兀不修善，腾腾不造恶。寂寂断见闻，荡荡心无著。”

师说偈已，端坐至三更，忽谓门人曰：“吾行矣！”奄然迁化。于是，异香满室，白虹属地，林木变白，禽兽哀鸣。十一月，广、韶、新三郡官僚洎门人僧俗，争迎真身，莫决所之，乃焚香祷曰：“香烟指处，师所归焉。”时，香烟直贯曹溪。十一月十三日，迁神龛并所传衣钵而回。次年七月二十五日，出龛。弟子方辩以香泥上之。门人怀念取首之记，遂先以铁叶漆布固护师颈入塔。忽于塔内白光出现，直上冲天，三日始散。

韶州奏闻，奉敕立碑，纪师道行：“师春秋七十有六。年二十四传衣，三十九祝发，说法利生三十七载。得旨法嗣者四十三人。悟道超凡者，莫知其数。达摩所传信衣，中宗赐磨衲宝钵，及方辩塑师真像，并道具等，主塔侍者尸之，永镇宝林道场。流传《坛经》，以显宗旨。此皆兴隆三宝，普利群生者。”